豪族居館の外郭施設

方形にめぐる堀は、弥生時代の環濠の形態と著しいちがいがある。その内側に柵や土塁がともなうなど、豪族居館には防御の意識がよく見える。堀は群馬県三ツ寺Ⅰ遺跡のような水濠もあるが、水を常にたたえたものは少ない。柵に用いられた柵木の上端は、平坦にしたものよりも、鋭く仕つらえられ、逆茂木（さかもぎ）状にしたものが多かったであろう。

群馬県荒砥荒子遺跡
（群馬県埋蔵文化財調査事業団提供）

大分県小迫辻原遺跡2号居館
（大分県教育委員会提供）

群馬県丸山遺跡（群馬県教育委員会提供）

豪族居館の石垣

堀の壁面には，古墳の葺石を貼る技術を用いて石垣が積まれたものがある。本宿郷土遺跡の石垣は，河原石が平積みされている。しかし，三ツ寺Ⅰ遺跡では河原石の小口面を表面に出し，葺石とはちがった積み方をしている。これらの石垣は，居館の外観を壮観にする意図のほかに，三ツ寺Ⅰ遺跡，名柄遺跡の場合は，居館に積んだ盛土の表面を補強し，崩落するのを防ぐ意図もあったとみてよい。

群馬県三ツ寺Ⅰ遺跡（群馬県埋蔵文化財調査事業団提供）

奈良県名柄遺跡（御所市教育委員会提供）

群馬県本宿郷土遺跡（富岡市教育委員会提供）

奈良県布留遺跡（埋蔵文化財天理教調査団提供）

群馬県原之城遺跡（伊勢崎市教育委員会提供）

群馬県三ツ寺Ⅰ遺跡（群馬県埋蔵文化財調査事業団提供）

豪族居館の祭祀跡

祭祀の挙行は首長の重要なつとめであった。豪族居館で見つかった祭祀跡の代表例は三ツ寺Ⅰ遺跡と原之城遺跡だ。三ツ寺Ⅰ遺跡では，居館の南半，主屋の西北と東北に浅く掘って河原石を敷きつめた石敷遺構がある。二つの遺構は中央部を溝が貫通し，連結されていた。西方の石敷遺構には，水濠に橋を架し，木樋を渡して聖水が注がれていた。原之城遺跡では，土塁の東北入隅に土器を集積した祭祀跡がある。ここでは，須恵器の器台を四至に立て，その中に杯70個，手捏土器400個が置かれ，ほかに石製模造品170個が見つかった。また，東辺の土塁内側でも，土師器，手捏土器を集積した祭祀跡と楕円形埴輪20個を集積した祭祀跡が検出されている。

群馬県三ツ寺Ⅰ遺跡
（群馬県埋蔵文化財
　調査事業団提供）

大型倉庫群

同一規格で、大型の倉庫が整然と軒を揃えて建てられた5世紀の倉庫群跡。各倉庫は集落にみる倉庫の数倍の床面積をもつ。鳴滝遺跡は7棟、難波宮下層遺跡は16棟が並ぶ。建替えがないので、特定の目的をもって構築された倉庫群であろう。両遺跡とも外港を前にして営まれており、5世紀の外交と密接にかかわったにちがいない。

和歌山県鳴滝遺跡
（和歌山県教育委員会提供）

大阪市難波宮下層遺跡の倉庫
（大阪市文化財協会提供）

季刊 考古学 第36号

特集　古代の豪族居館

● 口絵(カラー)　豪族居館の外郭施設
　　　　　　　　豪族居館の石垣
　　　　　　　　豪族居館の祭祀跡
　　　　　　　　大型倉庫群
　　(モノクロ)　豪族居館の建物
　　　　　　　　豪族居館の祭祀遺物
　　　　　　　　家形埴輪
　　　　　　　　保渡田Ⅶ遺跡の埴輪

豪族居館研究と課題——————小笠原好彦・阿部義平　(14)

各地の豪族居館

九州の豪族居館——————渋谷忠章・土居和幸　(18)

近畿の豪族居館——————藤田和尊　(22)

近畿の大型倉庫群遺跡——————積山　洋　(26)

東海の豪族居館——————柴田　稔　(30)

関東南部の豪族居館——————阿部義平　(34)

関東北部の豪族居館——————橋本博文　(38)

埴輪と豪族居館

家形埴輪と豪族居館建物——————小笠原好彦　(42)

人物埴輪と豪族居館の人々——————右島和夫　(46)

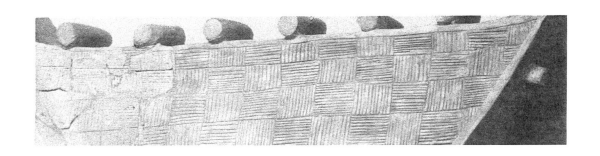

豪族居館の諸相
　豪族居館と祭祀————————————————辰巳和弘 *(50)*
　豪族居館と建物構造——————————————植木　久 *(54)*
　豪族居館と邸宅————————————————阿部義平 *(58)*

古代史と豪族居館
　上野の豪族と居館——————————————前澤和之 *(62)*
　古代史からみた豪族居館———————————大平　聡 *(67)*

中世の社会と居館————————————————千田嘉博 *(72)*

最近の発掘から
　湖底に沈んだ縄文中期の貝塚—大津市粟津湖底遺跡—伊庭　功 *(81)*
　縄文後・晩期の環状列石—安中市天神原遺跡———大工原豊 *(83)*

連載講座 縄紋時代史
　10．縄紋人の生業(2)—————————————林　謙作 *(85)*

講座 考古学と周辺科学 15
　地形学2（地すべり）—————————————上本進二 *(93)*

書評————————————————————————————*(98)*

論文展望————————————————————————*(102)*

報告書・会誌新刊一覧————————————————*(104)*

考古学界ニュース——————————————————*(107)*

表紙デザイン・カット／サンクリエイト

豪族居館の建物

豪族居館では，首長の居住用建物と首長権行使に関連した建物があった。政治行為にかかわった建物には，中心に置かれた主屋がある。原之城遺跡，三ツ寺I遺跡の主屋は庇をもつ大型の掘立柱建物で，付属建物をともなっていた。兵庫県松野遺跡のような高床住居もあったであろう。東日本では，伝統的な竪穴住居も用いられた。ほかに居館の一画には首長の経済活動にかかわる工房や倉庫が群を構成して構築された。

兵庫県松野遺跡（神戸市教育委員会提供）

群馬県原之城遺跡の倉庫
（伊勢崎市教育委員会提供）

群馬県原之城遺跡の復元模型
（国立歴史民俗博物館所蔵）

豪族居館の祭祀遺物

居館では，首長が司祭者となって，その年の豊穣の祈願，収穫の感謝，晴雨の祈願など，農耕祭祀が行なわれた。また，一族の繁栄を祈る祭祀も重視された。これらの祭祀では，祭場が設営され，祭儀には多数の祭祀遺物が用いられた。これには大型器台，子持器台，手捏土器などの土製品，勾玉，管玉，臼玉，子持勾玉，剣，鏡，斧などの滑石製模造品，刀型，弓型などの武器を模した木製品などがある。大部分は形代として献納され，終了後，祭祀場の近くで処理された。

群馬県原之城遺跡の石製模造品

群馬県三ツ寺Ⅰ遺跡の石製模造品（群馬県埋蔵文化財調査事業団提供）

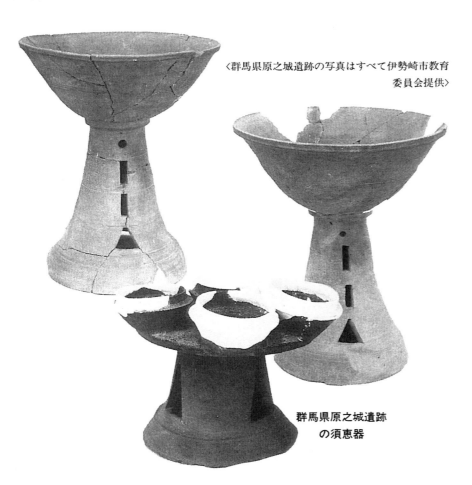

〈群馬県原之城遺跡の写真はすべて伊勢崎市教育委員会提供〉

群馬県原之城遺跡の須恵器

群馬県原之城遺跡の埴輪

家形埴輪

家形埴輪には入口と窓を表現した住居と入口のみの倉庫とがある。住居は主屋，後屋，脇屋，倉庫は切妻倉庫と四注造り倉庫がある。主屋は中心建物で最大。後屋はそれにつぐ規模で，四方に入口，窓を表現したものが多い。これは饗宴など特定の用途に使用されたものであろう。住居には規模だけでなく，屋根飾り，堅魚木をつけるなど，装置でも格差が表現された。倉庫の屋根形態のちがいは，収納物の差異を示したものとみられ，切妻は穀倉，四注造りは器財や武器を収めたものとみてよい。

京都府庵寺山古墳（宇治市教育委員会提供）

京都府庵寺山古墳（宇治市教育委員会提供）

京都府丸塚古墳（城陽市教育委員会提供）

京都府塚本古墳の二階建ての家（京都府埋蔵文化財調査研究センター保管）

保渡田VII遺跡の埴輪

群馬県群馬町の保渡田古墳群に属する5世紀後半の井出二子山古墳の北西側に隣接して、人物・動物埴輪が多量に出土する特殊な区画が発見された。首長を表わすと思われる椅座男子像2体を中心に、女子、武人、狩人、力士、盾持ち人、飾馬、犬、猪などから構成されており、二子山古墳に伴う埴輪儀礼のための特別の区画と考えられている。

構　成／右島和夫
写真提供／群馬町教育委員会

人物埴輪群

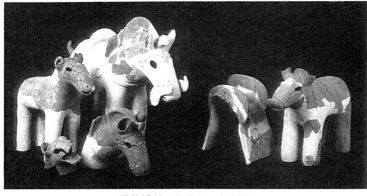

動物埴輪（左端犬，右端猪）

保渡田VII遺跡空中写真

玉纏大刀をもち冠をかぶる椅座男子像

腰に猪を下げる狩人像

盾持ち人

季刊 考古学

特集
古代の豪族居館

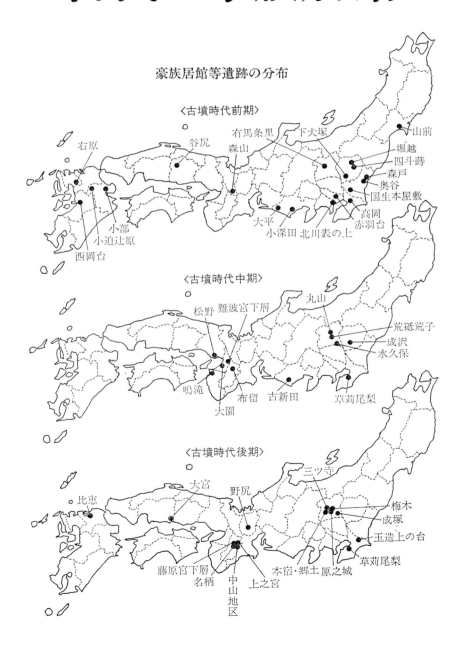

豪族居館等遺跡の分布

特集●古代の豪族居館

豪族居館研究と課題

小笠原 好彦・阿部 義平
（おがさわら・よしひこ）　（あべ・ぎへい）

豪族居館は首長の居住空間であったとともに、
地域支配に必要とした諸機能にかかわる建物が
一体化して含まれたプレ官衙的側面も存在した

　古墳時代の豪族居館の発掘は、1981年に群馬県三ツ寺Ⅰ遺跡の調査を契機に始まった。その後、調査があいつぎ、この10年間に40数個所の関連遺跡が明らかになった。

　豪族居館は、各地の古墳に埋葬された首長が居住した生活の場であったとともに、政治拠点になったところである。それだけに豪族の居館研究は、この両側面からの検討が必要とされよう。

1　豪族居館の形状と規模

　豪族居館には、濠、堀、柵、土塁などの外郭施設が方形、あるいは長方形にめぐっていた。この外郭施設は、外側に濠や堀、その内側に柵や土塁がめぐり、二重構成になったものが多い。これらの施設は、居館の空間を他と区別しただけでなく、防御施設としても機能したものであった。これらの濠、堀、柵などが方形、あるいは長方形に繞るのは、それ以前の弥生時代の環濠集落がいずれも円形や楕円形に繞らされたのと比較すると、きわだった違いがみられることになる。おそらく、豪族居館が方形、長方形に囲繞されたのは、この時期の前方後円墳にみる埋葬主体の竪穴式石室が、方位を重視して行なわれているように、方位と密接に関連したものとみなされる。

　一方、弥生時代の環濠集落にみる円形や楕円形の形状は、丘陵地などの自然地形を効果的に利用した結果によるものとみる見解がとられているようである。しかし、丘陵地以外に立地する環濠集落の場合でも、同様の形態がとられているものが多いことからすると、この理解にはやや難点があ

る。これは、濠に高低差を著しくもつ弥生時代の環濠では、方形、長方形よりも円形、楕円形の形態の方が、長期にわたる排水処理、環濠の管理などの点で、より維持しやすい条件があったことによるものであろう。すなわち、方形、長方形ではコーナー部分で、激しい泥土の堆積作用や逆に壁面の侵食による崩壊が生じやすいなどの欠陥を内在させるので、これを回避したことに起因するものと思われる。

　さて、これまで見つかっている居館では、群馬県原之城遺跡、三ツ寺Ⅰ遺跡などを大型、群馬県荒砥荒子遺跡、栃木県成沢遺跡などを中型、群馬県丸山遺跡、大阪府伽山遺跡などを小型に分けることができる。これは面積からみると、7,000m²以上が大型、2,000m²以下が小型、その間が中型ということになる。

　以上のうち、小型居館は前述のほかに大阪府大園遺跡、静岡県大平遺跡の東北部で検出された堀による区画、柵による区画、布掘り溝による区画の居館がふくまれる。大平遺跡では同時に、複数の小型居館が併存したとみられるので、小型居館にはそれのみで機能したものと、他に近隣に同一規模のものが併置され、有機的なつながりをもっていたとみられるものがあるので、中型居館で複数のものが検出されているものとあわせて、相互の関係を検討する必要がある。

2　居館の外郭施設をめぐって

　豪族居館にめぐらされた濠、堀では、群馬県三ツ寺Ⅰ遺跡が30〜40m、群馬県原之城遺跡が20m

14

と規模が大きく，ほかは 5m 以下のものが大部分で，大きな差がある。土塁は原之城遺跡，群馬県本宿・郷戸遺跡では内側に構築され，栃木県四斗蒔遺跡では外側に積まれていたという。弥生時代の環濠集落の土塁が，堀の外側に積まれていたことからすると，前期の四斗蒔遺跡の場合は，それが，なお引きつがれたものであろう。

　土塁は堀の外側よりも，内側に積んだ方が堀を有効に利用しうるので，防御的な効果が高い。しかし，堀の内側に土塁を構築するには，土塁が区画内での降水処理をさまたげないように，十分な排水処理を施すことが不可欠な条件になったであろう。したがって，弥生時代の環濠集落では，そうした技術が十分ともなわなかったことから，居住空間を優先し，堀が十分な防御的機能を果せない結果となったものであろう。それに対し，古墳時代の豪族居館の土塁では，暗渠施設など土塁を分断せずに処理する技術的発展があったことを推測してよい。

　つぎに，堀の内側に構築された柵は，成沢遺跡，群馬県梅木遺跡のように，一本柱列が構築されたものと，荒砥荒子遺跡，丸山遺跡のように，布掘り溝を掘り，そこに柱が据えられたものとがある。両者の違いは，柱と柱の間に立てられた柵木の下端を地中に据えたか否かによるとみられ，後者の方が，より堅固であったであろう。

　この居館の外郭施設と文献史料で関連するとみなされるものに，『日本書紀』の垂仁紀，雄略紀，崇峻紀に記されている「稲城」がある。稲城は，垂仁紀では，狭穂彦が居館で防戦した際に，「忽に稲を積みて城を作る。其れ堅くして破るべからず。此を稲城と謂ふ。」と記されている。稲城の構造の理解は，種々ありうるが，この記載からみると，豪族居館にめぐらされた濠，堀，柵などによる外郭施設は，いわば平常時の備えであり，戦闘時には，さらに補強を必要とした構造のものであったと想定されるであろう。

3　居館の構成と機能

　群馬県三ツ寺Ⅰ遺跡の構造は，北半と南半に区分され，南半は政治，祭祀空間，北半は工房群が置かれ，土産にあたった空間とみられている。原之城遺跡でも中央部に政治空間，北西部に倉庫群が置かれるなど，いくつかに空間が区分されていたとみてよい。さらに，荒砥荒子遺跡の場合は，

東半部にのみ柵がめぐり，東西に二分し，滋賀県野尻遺跡でも南半部のみ柵がめぐり，南北に二分されていた。

　このような豪族居館の空間構成をみると，後の律令期の郡衙の内部構造と類似点が少なくないことになる。すなわち，郡衙では，郡司の居住空間の館，それに付属する厨，政治空間の郡庁，穀物，器材を収める倉庫をまとめた郡倉などから構成されていた。ほかに，高度な技術を必要とした手工業製品の生産工房も，製品の性質によって郡衙の内外に配置され，管理されていたことが想定されている。したがって，両者の構成の類似点からみると，豪族居館は首長の居住空間があったとともに，地域支配に必要とした諸機能にかかわる建物が一体化して含まれていたプレ官衙的側面が少なくない。だとすると，居館の建物遺構から，どのようにそれらの空間や建物の性格を区別するかが，課題の一つとなるであろう。

　居館の中心部に配された建物は，豪族居館建物と深い関連をもつとされる家形埴輪の配置からすると，左右対称配置のものを十分想定しうることになる。しかし，左右対称配置のものはこれまでのところ，5世紀後半の静岡県古新田遺跡で検出されているだけである。この遺跡では，東方に高床倉庫6棟と庇をもつ建物2棟が左右対称配置に建てられ，その西方でも東西棟建物を中心に南北棟2棟がコ字形に配された左右対称配置がみられる。この古新田遺跡の建物群は，堀や柵などの囲繞施設は見つかっていないが，建物規模，配置からみると，豪族居館に関連したものとみなしうる可能性が高い。

　石野博信氏は，これらの建物群が同時に存在したとすると，西群の主屋と副屋4棟を含む前庭を政治的空間，東群は副屋2棟を仲介とし，倉庫群とあわせて祭祀と経済空間として使用されたという理解を述べている（「集落と豪族居館─総論」『古墳時代の研究』2）。西群は大型の主屋と大型の付属建物で前庭を構成することから，政治空間として機能したことは動かないであろう。東群も，石野氏の考えの蓋然性が高いので，古新田遺跡では，家形埴輪に象徴された居館の空間構成が，二分割して配置されたとみなしうるかも知れない。これは，群馬県赤堀茶臼山古墳，白石稲荷山古墳の家形埴輪が政治空間，祭祀空間，経済空間を縦位に一体化したのは，理念性が強く表現さ

れたことによるものと思われる。とすると，これと同一の配置をとるものは，大王の宮室や畿内の特定の有力豪族のような，ごく限られたものになるであろう。今後の近畿での大型居館に関連する調査の進展を期待したい。

ほかに，東日本の居館建物には，掘立柱建物以外に，竪穴住居のみ，あるいは竪穴住居を主体としたものが顕著に散見する。成沢遺跡ではほぼ中央部に大型の竪穴住居があり，丸山遺跡でも，中央やや北よりに中心となる大型住居が構築されている。竪穴住居の配置では，掘立柱建物よりも，住居相互の関係を明らかにしにくいが，入口の確認などによって，配置関係の分析を，いま一つ深める必要があるであろう。　　　　　（小笠原）

4　居館の地域性

居館の遺構から，地域ごとの首長層が織りなした歴史を反映する地域性を指摘できるであろうか。居館の発見例は，古墳の所在地や数と比較するとまだ極めて少数であるが，既報告例を通じて，若干の地域的な傾向を指摘することができる。

古墳時代前期の居館の報告例では，九州で西岡台遺跡，小迫辻原遺跡，小部遺跡，右原遺跡，関東で堀越遺跡，四斗蒔遺跡，国生本屋敷遺跡，奥谷遺跡，森戸遺跡などがあげられる。防備された方形単郭の居館状況がみられ，幅3〜4m以上の濠と柵木列をめぐらしたり，方形の突出部をもつ例も早くから存在する。出入口や内部の建物施設なども判明した例がある。環濠集落と比較すると平面形や施設の計画性や規模の限定から首長層と関わる施設と認められる。小迫辻原遺跡では，2基の並んだ方形単郭施設のほか，大規模な不整形平面の環濠が若干例みられ，弥生時代から古墳時代初めにかけての変遷がみられるので，同一遺跡で環濠集落と居館の関係，各々の機能や成立時点を追跡することができる。関東地方の前記の居館例は，鬼怒川流域の東や北に寄っていて，そこは弥生時代にはまだ環濠集落が形成されなかった地域とされている。関東地方でもこれより南寄りでは赤羽台遺跡や高岡大山遺跡で浅い濠による区画施設が検出されているが，濠の幅が狭く，平面形はきちんとした方形でない部分もある。弥生時代の環濠が営まれた地域にあり，赤羽台遺跡では両者が検出されている。

前期の居館例が近畿地方の森山遺跡で認められ

ることから，九州から関東までの各地に居館が普遍的に成立したとみることができるが，居館でも典形的な姿をみせる地域は今のところ東西の両端に集まり，その間の地域は防備施設としては多様性を示す可能性も残している。静岡県大平遺跡では，丘陵上を占めて柵列などで区画された有力な階層の居住区が集合しているが，その東端で溝や掘立柱列による方形区画やその内部の掘立柱建物が知られており，これが首長層の施設なのか，集落の共同性を示す施設なのか，興味ある問題も提供している。この区画施設はそれほど防備性が高いとはいえないであろう。神奈川県北川表の上遺跡では区画施設を伴わないで掘立柱建物群がみられる。以上に対して，宮城県山前遺跡では弥生時代に環濠集落がみられない地域に大規模な環濠集落が出現し，そこに居館と共通する突出部も設けられるなどの特色があり，この地域での古墳時代開始期のあり方を示している。居館の成立は，全国的に前期でも早い時期から認められるに至るであろうが，その具体的な姿は先行する集落との関係などを通じて様相が異なる可能性がある。

古墳時代中期から後期の居館の報告例は，関東地方と近畿地方に比較的多い。関東地方でも毛野の地域に集中してみられる。前期の居館と同様な防備性を示す小規模な群馬県丸山遺跡例から，幅20〜30mに及ぶ発達した濠など防備性の発展を示す例まで含まれ，全体規模の格差も拡大している。発達した例として，石垣を築いた濠や突出部，屈折した出入口部や橋，柵列，中心の掘立柱建物群や井戸，祭祀遺構などが検出された三ツ寺遺跡，土橋や土塁や倉庫群などが検出された原之城遺跡，石垣や土橋の知られる本宿・郷土遺跡など，外径が100mをこすような例がみられる。この状況は調査の片寄りのせいとみるべきでなく，地域内で居館自体が格差のある発達をとげていることを示すものであろう。毛野の地域に対して，南関東地方でも千葉県草苅尾梨遺跡で中期に属する規模の大きな区画施設が知られた。建物群を掘立柱列で囲んだ区画で，濠は伴わない。房総の開析の進んだ台地上にある玉造上の台遺跡で後期の大規模な掘立柱建物などが知られ，上記の草苅尾梨遺跡でも後期に区画施設を伴わない掘立柱建物の存在が知られている。

これらの点からみると，関東地方でも毛野の地域と房総の地域では首長層の居住施設に地域的差

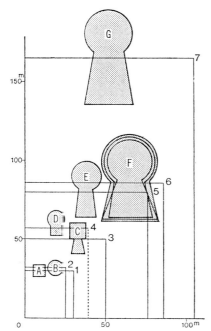

図1 居館規模と古墳の関連（橋本博文「東日本の古墳時代居宅と関連遺跡」歴博 45号の図2による。古墳の縮尺は居館の1/2）
1小深田，2丸山，3奥谷，4荒子，5国生本屋敷，6三ツ寺Ⅰ，7原之城，A小深田西，B新山遺跡3号墳，C宝塚古墳，D荒砥村9号墳，E東山塚古墳，F保渡田三古墳，G五目牛二子山古墳

図2 居館の存続期間（橋本博文「東日本の古墳時代居宅と関連遺跡」歴博 45号の図1による）

異が形成されている。草刈尾梨遺跡の区画規模が南北100mをこすと推測される点からみると，施設規模の差異でなく，外囲施設が異なることとなる。そこには歴史的・地理的な理由が存在したことになろう。近畿地方での事例では，5世紀代の大園遺跡，松野遺跡，布留遺跡，6世紀にかかる野尻遺跡，名柄遺跡や藤原宮下層遺跡などがあげられる。そこには布留遺跡や名柄遺跡にみるような石垣を発達させた例が含まれ，防備性の発展が認められる。しかし4世紀ころから掘立柱建物群，続いて倉庫群からなる遺構で防備施設が知られない例や掘立柱列程度の区画施設がみられる例からすると，近畿地方で首長層の施設がすべて居館として発達した形をとるとは言い切れない。居館的な状況を示す上之宮遺跡でも，囲郭施設は群馬県の状況と異なることは明らかである。個々の必要な条件に応じて防備性を実現した例があるとみるべきでなかろうか。

5 居館と古墳

居館と古墳との関係は，熊本県西岡台遺跡の報告でも早くから注意された。群馬県三ツ寺遺跡では，西北方1kmほどにある保渡田の3基の前方後円墳と関連すると報告された。両者の造営存続期，火山灰による被災時期，周辺の開発年代，各々の規模，方向や位置関係，葺石の手法などまでがあげられている。三ツ寺居館の活動期を少し限定する見方もあるが，今の所この関係は定点として評価できよう。橋本博文氏は他の居館についても古墳との関係を点検し，候補をあげている。小深田遺跡と小深田西遺跡の方形周溝墓，丸山遺跡とその東方の円墳など，四斗蒔遺跡と前方後方墳のハットヤ北古墳，奥谷遺跡と宝塚古墳，荒砥荒子遺跡と荒砥村9号墳，国生本屋敷遺跡と東山塚古墳，原之城遺跡と二子山古墳などがあげられ，立証が困難な例もあるにせよ，大局的な見方では居館の格差が古墳の規模や形に対応するような関係の存在が推測されている（図1）。熊本県西岡台遺跡，宮城県山前遺跡でも候補となる古墳は存在する。奥津城とも呼ぶ古墳の古名も，居館との関係を暗示しているのでなかろうか。居館と古墳の関係から，古墳の様々な属性も見直されていくことになるであろう。

6 居館の存続期間

居館の存続期間は，濠や竪穴住居などの出土土器の型式とその年代幅の算出方法，居館内遺構の重複の年代幅の推定方法などにかかってくる。その存続期間は限られているとする見方が多い。橋本博文氏は，居館の多くは一代程度で廃棄されたとする。遺構の重複は三ツ寺遺跡や原之城遺跡などでみられ，降る時期には囲郭のない例も含めて重複例がみられるようである。ここでは橋本氏の検討結果を示しておきたい（図2）。三ツ寺遺跡では被災後も祭祀が続けられ，文献上の宮などでも経営拠点として維持される例がある。居館の年代は具体例ごとに検討を続ける他はないだろう。

（阿部）

17

特集●古代の豪族居館

各地の豪族居館

全国各地約40ヵ所で発見されている豪族居館や大型倉庫群はどんな内容を有しているだろうか。また地域的特色はどうだろうか

九州の豪族居館／近畿の豪族居館／近畿の大型倉庫群遺跡／東海の豪族居館／関東南部の豪族居館／関東北部の豪族居館

九州の豪族居館 ■ 渋谷忠章・土居和幸
大分県教育委員会　日田市立博物館
（しぶや・ただのり）（どい・かずゆき）

九州の豪族居館は例が少ないが，小迫辻原遺跡の場合は弥生の環濠集落から古墳の居館へという展開をよく示すものとして重要である

　九州のこの分野の先行研究には鏡山猛氏の「環溝住居阯小論」[1]をはじめとし，弥生時代の環濠集落についての研究に主体が注がれていた。とくに福岡市比恵遺跡・宝台遺跡，佐賀県基山町千塔山遺跡などは，高倉洋彰氏[2]や下條信行氏[3]らにより細かな分析が行なわれ，弥生時代の集団組成や集団間に序列を形成していく段階が論じられている。これに対し，武末純一氏[4]は三ツ寺遺跡の首長層居宅研究に影響を受け，北九州市曽根平野の古墳時代の集落と弥生時代集落とを比較検討し，首長層が居宅を形成する動きを追求し，環濠集落から首長層居宅への形成について一歩進めた見解を提示した。また，これまでの九州の豪族居館には，熊本県宇土市西岡台遺跡[5]，北九州市潤崎遺跡などがその候補としてあったものの，調査範囲が限られ区画施設と柵列や掘立柱建物を意識的に追求することに欠けていた。
　こうした中で，九州における豪族居館として本格的に姿を現わしたのは，昭和63年に発見された小迫辻原遺跡で，方形に区画された濠が２基並ぶことと，日本最古の豪族居館ということから全国的に注目を集めた。その後，大分県宇佐市小部遺跡で新たな発見があり，また小迫辻原遺跡は継続調査によって，居館成立前夜の様相を示す環濠集

落が発見された。したがってここでは，小迫辻原遺跡を中心に九州の豪族居館について見ていくことにする。

1　居館跡の概要

　これまで発見されている居館跡は，小迫辻原遺跡の他に小部遺跡[8]，西岡台遺跡が知られている。いずれも古墳時代前期の遺跡に限られ，九州の居館を触れるにはあまりにそのものの数に乏しいが，まずその概要について述べてみたい。

(1)　小迫辻原遺跡

　大分県最西部の日田市にあり，福岡県と接する日田市は弥生・古墳時代を通じ北部九州の文化に接する。遺跡は，その日田盆地北部の標高約120mの台地上に位置し，台地の比高差は約40mである。昭和62年，長崎〜大分間を結ぶ九州横断自動車道の建設に伴い，２基の居館跡が発見されたが，部分的な調査であったためにその構造などには不明な点も多かった。しかし，その後の台地全体の遺構確認調査（現在継続中）により，居館出現の新たな展開が示されるようになった。
　昭和62年に発見された居館跡は，台地のほぼ中央部南側に検出され，便宜的に東側を１号，西側を２号とした。１号居館は，外周で一辺約47mの

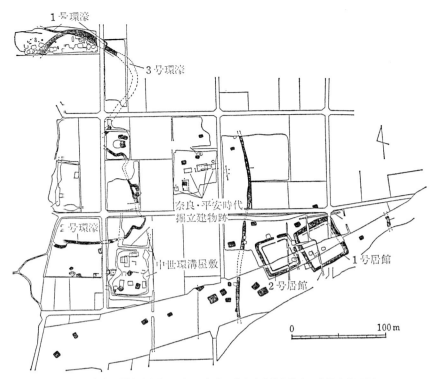

図1 小迫辻原遺跡全体図（黒い部分は弥生時代後期終末～古墳時代前期）

正方形の濠が巡り，濠は西辺部で幅3.5～3.8m，底幅0.8～1m，深さ1.1～1.4mの逆台形で，南辺部は幅がせばまりながらややV字状となる。濠の内側は，濠の方向と一致する南北2間以上×東西3間の総柱建物1棟が確認された。また，その後の北側部分の調査では，布掘りの一部が検出されたことにより，2号居館と同様に布掘りが全周していた可能性が高くなった。

2号居館は，一辺約36mの方形に濠が巡るが，1号よりやや小ぶりとなる。環濠は，幅1.5～2m，深さ1～1.5mで断面が逆台形をなす。濠の内側の布掘りは，その中に小柱穴群が不規則な間隔で掘られている。また，その後の調査では，北側の一部に幅約3mの陸橋部が検出された。同じく，布掘りも陸橋と同じ位置に幅約2mにわたって途切れ，間口約2～3mの出入口を想定できる。さらに，布掘り内側の西寄りには，付属施設として濠と平行し南北に2棟並ぶ建物で，南北2間×東西3間の総柱建物が明らかにされつつある。

このことにより，2基の居館は平面が方形で濠の内側に布掘りを巡らせ，さらにその内部は掘立柱建物により構成されているという共通点が指摘できる。これまで両者の関係については，出土した土器に時期差が認められないことや，構造上の相違から機能面に違いをもつ同時期存在の可能性が考えられた。現段階でもとくにそのことについて否定するものではないが，構造上に共通点が多くなったことと，2号居館のみに陸橋部が設けられていることが，両者間の時期差を示すのか新たに注目される。

(2) 小部遺跡

大分県北部の宇佐市にあり，宇佐平野西側の黒川沿いの標高約8mの低位段丘上に立地している。調査は，昭和58年から部分的に行なわれ，これまで南北にのびる約48mの濠の一部とその内側に平行する布掘りの一部が検出され，濠は幅2.5m，深さ0.9mで断面は「V」字形を呈する。また，その濠の北側と南側には濠が接して「コ」字状になる一辺約17mほどの濠が島状に巡る。さらに，北側で布掘りが直角に屈折することから，その部分がコーナーにあたると考えられていた。このため，この居館については，隅に張出し部を持つ方形の居館と推定され，時期は濠より多量に出土した甕などから4世紀初めに比定されていた。

しかし，この居館についても調査の進展に伴って，北側のコーナーと考えられていた部分は，濠が直角に屈折して方形とはならず，また布掘りも濠と平行してさらに北側へ伸びることが明らかとなった。なお，内部の施設については，ほぼ同時期の竪穴式住居跡数基や時期不明の柱穴多数があるが，調査区が一部であり明らかにされない。

(3) 西岡台遺跡

熊本県宇土市にあり，熊本県の海岸部のほぼ中央部から西に突出した宇土半島の基部に宇土城跡をもつ西岡台がある。西岡台は，標高3～5mの沖積平野に囲まれた二つの小丘を中心にした台地で，居館はその東側の標高37.5mを測る一帯の千畳敷と呼ばれる場所で確認された。居館は，宇

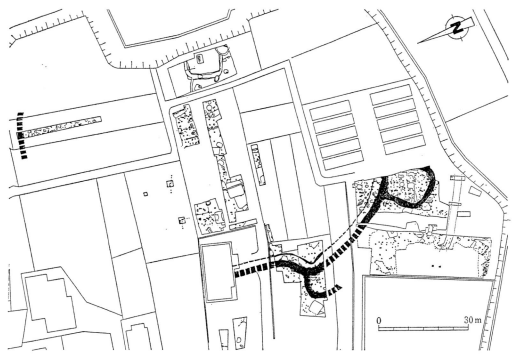

図2 小部遺跡環濠遺構

土城によってかなり削平されていることと，中央部が未掘のため全体の性格が明らかでないが，千畳敷の外側を巡る南北約65m，東西約50mの濠が考えられている。濠は，幅4m，最深部深さ3.7m，底幅5～20cmのV字形で，南西コーナー部に約20m×11mの方形の張出し部を設けている。

2 小迫辻原遺跡の複数の環濠について

環濠集落の消滅と同時に，居館が成立する過程にはいくつかの要因が考えられている。こうした出来事は，少なからず環濠集落の営まれた遺跡では，その後の居館跡への変化が，その周辺を含めた歴史的事実として起こりえたはずである。しかし，その過程を同一遺跡内でおえる機会などはほとんど恵まれなかったことである。

ところが，小迫辻原遺跡は独立状の台地という好条件もあって，居館跡西側で同時期あるいはそれより先行すると考えられる環濠が複数発見されている。とくにその中の一つは，環濠集落の環濠の一部とみられ，他の環濠や居館跡との関連性が注目される。

武末純一氏[9]は，集落全員の円形環溝から首長層の方形環溝へという見通しをもち，その発展段階をA類・円形の中の方形→B類・円形の外の方形→C類・円形のない方形と分類し，A類型の典型は後期後半～末の吉野ヶ里遺跡で，福岡県小郡市一ノ口遺跡や比恵遺跡が含まれる。また，C類型には千塔山遺跡をあて，倉庫や広場をもつ一部の人々と，それらを持たない人々への明確な分離が示され，次の古墳時代首長層居宅へとつながる弥生首長層の居宅としている。

さて，小迫辻原遺跡[10]は今なお調査中であり，また十分な資料整理が行なわれていないため，環濠内部の付属施設や時期の決定にはさらに時間を要するが，先の問題に一石を投じる遺跡であり，今後の展望をも含めてその概要と問題点をみてみる。

環濠は，台地の西側縁辺部にこれまで三つの濠が検出されている。1号環濠は，3号環濠に切られているために断片的にしか残っていないが，幅2.5～3m，深さ約1.2mで，断面は「V」字形をなす。これまでは東西に約80mが確認され，張出し部1ヵ所を設けている。濠の内側は，濠の中より出土した土器に近い時期の竪穴式住居跡が存在している。このことから，1号環濠は東西約150m，南北約100mほどの長楕円形の環濠が巡る環濠集落の一部と見られる。

3号環濠は，1号環濠と重なり合って存在するが，埋没状況から1号環濠の濠を意図的に埋めて3号環濠をめぐらせている。一辺約100mの隅丸

方形で，断面は外側を急に内側を緩やかにした「V」字形である。濠は幅約4.5m，深さ1.7mで外側に土塁を築いた痕跡がある。内部施設は確認されていない。

2号環濠は，1・3号環濠と切り合いが予想され，一辺約100mの方形に近いやや不定形な濠が巡る。しかしこの環濠は，これまで4ヵ所の張出し部が検出され，とくに東側中央の張出し部は，本来直線的に掘られた濠を時をおかずに埋めて新たな掘りなおしをしている。この濠の内部施設についても明らかでないが，濠の外側に竪穴式住居が広く分布している点が注目される。

この他，こうした環濠とは別に2号居館の西側約10mには南北方向にのび，台地を分断する様相を示す溝，1号居館の東側にも南北にのびる溝がある。こうした溝も，居館出現の重要な意義を持つものと思われる。

次に，これらの環濠の存続期間は，1号環濠が弥生時代後期末？〜庄内式平行期，2号環濠が庄内式平行期〜布留式古段階平行期，3号環濠が庄内式平行期〜布留式古段階平行期，南北にのびる溝が庄内式平行期？〜布留式古段階平行期と考えられる。

3 ま と め

以上のように小迫辻原遺跡は，居館出現までの様相をよく示している遺跡であり，弥生時代からの展開は次のことが推定される。まず前期末の板付Ⅱ式の時期に集落が台地西側に営まれるが，その規模は数基の竪穴式住居跡と貯蔵穴で構成される。その後も後期後半まで集落は継続するが，集落そのものは台地西側縁辺部を中心に営まれ，台地一帯へ大きく広がることはない。

その後の後期末から庄内式平行期になると，竪穴式住居跡は台地の広範囲にわたって分布の傾向をみせ，この段階で1号環濠が出現する。この1号環濠は，これまで集落として選定された台地西側の北端に位置することから，それまでの集落と同じ意識的な選択がなされたことが推定される。このことは，台地上に涌水がなく，1号環濠に最も近い台地下の水源と関係があると思われる。

そして，2号，3号環濠への展開が考えられるが，1号環濠と2号環濠は同一環濠の可能性も残っている。したがって，同一環濠であれば張出し部をもつ不定形な環濠から，3号環濠の張出し部

を持たない方形化した環濠となり，さらに隅を直角にした1・2号居館への変化が考えられる。また，2号居館西側の南北にのびる溝は，居館や3号環濠とは方位を違えており，2号環濠に関連する可能性が考えられる。

次に，こうした小迫辻原遺跡の環濠集落から居館という展開から，小部遺跡，西岡台遺跡をみると，まず両者共に張出し部をもつことが指摘される。このことは，小迫辻原遺跡の1号・2号環濠と同じ形態であるが，小部遺跡はその張出し部が島状になっていることと，布掘りが巡ることが特徴的である。

したがって，小迫辻原遺跡の1・2号環濠から3号環濠へ変化し，1号・2号居館を居館の出現とすることが可能であれば，小部遺跡，西岡台遺跡は居館出現前の環濠集落としてとらえられる。しかし張出し部をもつ居館は，三ツ寺・原之城・荒子・山前遺跡など5〜6世紀代の居館にも見られることや，西岡台遺跡においては地形的にも方形の区画しか考えられず，明らかに居館としての形態を整えている。これに対し，小部遺跡は小迫辻原1・2号環濠と同じ不定形な形態が想定され，むしろ環濠集落的な様相がうかがえる。しかし，これまでの環濠集落には見られなかった布掘りが巡ることは，環濠集落から居館へと変化するきわめて過渡的な形態を示している。

註
1) 鏡山 猛「環溝住居址小論」(一)〜(四)，史淵，67・68，71，74，78，1956〜1959
2) 高倉洋彰「弥生時代の集団組成」『九州考古学の諸問題』1975
3) 下條信行「弥生時代の九州」『岩波講座 日本考古学』5，1986
4) 武末純一「北九州市・曽根平野の首長層居宅（予察）」古文化談叢，18，1987
5) 原口長之ほか「宇土城跡（西岡台）」『宇土市埋蔵文化財調査報告書第一集』宇土市教育委員会，1977
6) 註4）に同じ
7) 渋谷忠章ほか「小迫辻原遺跡・小迫墳墓群」『九州横断自動車道（日田地区）建設に伴う発掘調査Ⅴ』大分県教育委員会，1988
8) 佐藤良二郎ほか「小部遺跡」『宇佐地区遺跡群発掘調査概報』宇佐市教育委員会，1990・1991
9) 武末純一「集落の構造とクニ」『日本考古学協会1990年度発表資料集』日本考古学協会，1990
10) 土居和幸ほか『小迫辻原遺跡発掘調査概報Ⅰ・Ⅱ』日田市教育委員会，1990・1991

近畿の豪族居館

御所市教育委員会
■ 藤 田 和 尊
（ふじた・かずたか）

近畿では防備性の低い邸宅ともいうべき特有な遺構が検出される
にすぎなかったが，最近濠を伴う居館跡が知られるようになった

　近畿地方の古墳時代における首長層の居館については，居館全般に関わる小笠原好彦氏の先駆的な業績[1] を受けて，広瀬和雄，清水眞一両氏が大阪府下と奈良県内の「一般の農民層の集落とはちがった様相をもつもの」（広瀬）を6ないし7例示し，それぞれについて具体的に検討を加えている[2]。

　しかしながら，ここで示されたものは，関東地方北部で次々と検出されつつあった，いわゆる方形単郭の居館とは，濠（幅の広いもの）を四周に巡らせない点で明らかに様相を異にし，せいぜい幅1～2m程度の溝もしくは柵・土塁で区画するに過ぎない，したがってより防備性の低い，邸宅とも言うべき性格の強いものであった。

　その後，発掘調査の進捗または既出資料の再評価により，近畿地方においても，ようやく首長層居館の特徴のひとつとされる，外郭施設としての"濠"を伴う例が知られるようになって，全国レベルでの検討が可能になるとともに，さきの大形の掘立柱建物をもつ，いわゆる邸宅風の建物群もまた，近畿地方に特有のものとは言えない状況となってきた。

　以下，濠を伴う方形単郭またはそれと推定できるものをA型居館，幅の広い濠を伴わない邸宅とも言うべきものをB型居館と仮称し，まず，近畿地方では従来取り纏められることのなかったA型居館の具体例を紹介する。

　次に，B型居館に居住した首長が，どのような古墳に葬られたと考えられるか，5世紀後葉～6世紀前葉の事例について検討する。

　最後に，A型居館とB型居館の差異が何に基づくものなのか，近畿地方でのありかたを元に，見通しを述べてみたい。

1　近畿のA型居館

a．森山遺跡[3]（京都府城陽市）

　SX01として略報されている遺構は，東西45m，南北36mを測る方形の区画で，幅4.2～4.7m，深さ0.7～1.1mの，断面逆台形の濠を巡らせる。

　2段に築成されており，1段目の平坦面には心々間1～2mのピットが巡り，濠底・斜面にもこれと対応するピットがある。塀または土塁の存在したことを推測させる。

　上段の平坦面は，東西33.5m，南北26.5mで，土坑，炉のほかピット多数が検出されている。

　土坑および濠の埋土から多量の布留式土器（古相～中相）が検出されており，この遺跡は前期中葉を中心とする時期のものと思われる。周辺には併行期の竪穴式住居跡数棟の存在も知られている。

　北方約2kmには前期中葉以降継続して営まれる久津川古墳群があって，前期では西山古墳・上大谷古墳（前方後方墳）や梅ノ子塚古墳（前方後円墳）など，森山遺跡SX01に居住したと思われる首長の古墳の候補にはこと欠かない。

b．布留遺跡[4]（奈良県天理市）

　杣之内町木堂方字アゼ倉，FH15j1・FI15a1区で検出された石垣状遺構は，幅1.3～2.0m，高さは現状で0.3mで，約18度の傾斜角をもつ。西から東へ約8m延びたあと，91度の角度で南へ曲がる。石垣は基底部の石列に直交して仕切石を1～2m間隔で並べ，その間に円礫を充塡する手法により積み上げられる。

　この遺構に伴う遺物には庄内式以降，5世紀中葉以前の土師器があるが，埴輪は認められない。報告者は慎重な態度を堅持しておられるが，埴輪の存在が認められなかったことは，消極的とはいえ，これを居館の一部とすることの妥当性を支持している。

　調査面積が狭く，所属する時期を決定する根拠も乏しいが，古墳時代中期にこの遺構が破壊されている事実と，隣接する杣之内古墳群には前期および後期の大形前方後円（方）墳を含む多くの古墳の存在が知られるが，中期に属する古墳は全く知られていないことから，この地域では中期の段階に首長（墓）系列に断絶があって，そのことがこの

遺構が破壊される要因となったと考えられることは示唆的である。

このことから，居館は，杣之内古墳群中の前期中葉の小牛坊塚古墳（前方後円墳；全長約90m）や前期後葉の西山古墳（前方後方墳；全長約180m）と併行し，また，この居館に居住した首長は，これらの古墳に葬られた可能性を考えておきたい。

c．名柄遺跡[5]（奈良県御所市）

第2次調査では内・外郭側ともに石垣で護岸された濠の一部を検出した。

石垣2考の間の濠は，幅が北西部で3.8m，北東部で11.2mと大きく異なっており，検出した内郭部分は，居館の突出部の一部に相当するものと考えている。

これに先立つ第1次調査では，濠の延長部分とともに，竪穴式住居および倉庫各1棟，土坑数基，ピット多数などを検出している。

濠からはTK 23～MT 15型式期（5世紀後葉～6世紀前葉）の須恵器や併行期と目される土師器のほか豊富な遺物が出土した。木製品や同未製品として，刀把・剣鞘・弓などの武器，糸枠・綜掛などの機織具，刀形や木のチップがある。碧玉のチップや鉄滓，漆を充塡したままの土師器壺なども出土しており，この居館は工房としての機能も併せ持っていたことを示している。

周辺の遺跡との関連では，古墳群とのありかたが注目される。名柄遺跡の背後に相当する西側の尾根上には，それぞれ20基程度で構成される，数群の後期群集墳の存在が知られるが，いずれも名柄遺跡廃絶後に成立してくるもので，直接の関係があったものとは考え難い。

5世紀前葉に宮山古墳（全長246m），中葉に掖上鑵子塚古墳（全長162m）と続く御所市域の大形前方後円墳の系譜は，後葉に入ると途絶え，北方の新庄町域へと移動する。

一方，宮山古墳の背後に相当する南側の丘陵上には，宮山古墳の築造を契機として造墓活動を開始する，総数700基以上で構成される巨勢山古墳群があって，名柄遺跡から南西約3kmに望見できるその主稜線上には5世紀前葉以降継続して営まれると考えられる，30～40m級の3基の前方後円墳の存在が知られる。

その最後の前方後円墳である巨勢山147号墳[6]は，6世紀初頭の築造で，その後，TK 10型式期（6世紀中葉），すなわち名柄遺跡廃絶後に，巨勢山古墳群は群形成のピークを迎える。

以上の状況は，名柄遺跡の動向と極めて密接に関わっているものと考えられ，名柄遺跡の主の葬られた古墳は，巨勢山147号墳またはそれに先行する，巨勢山古墳群中の前方後円墳であろうことは疑い得ない。

蛇足ながら，巨勢山147号墳の中心主体（木棺直葬）に葬られた被葬者は，20歳代の男性との鑑定結果を得ていることを付記しておく。

2　B型居館と対応する古墳

鳴滝遺跡（和歌山県和歌山市）や難波宮下層

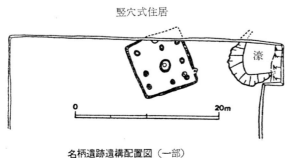

名柄遺跡遺構配置図（一部）

（大阪府大阪市）の大形倉庫群は性格を異にするものとして，ここでは考慮に入れずに検討する。

B型居館は近畿地方に13例以上，それ以外の地方では3例ほどが知られる。

B型居館の初現は，現在のところ，西から，松野遺跡（兵庫県神戸市），大園遺跡集落A（大阪府和泉市・高石市），長原遺跡A[7]（仮称）（大阪府大阪市），野尻遺跡（滋賀県栗東町）といった近畿地方の遺跡や古新田遺跡（静岡県浅羽町）など，いずれも5世紀後葉以降，一定期間存続するとされる諸例に求めることができる。

6世紀前葉には長原遺跡B[8]（仮称）（大阪府大阪市）や，千葉県佐原市の玉造上之宮遺跡の例があって，中葉段階には良好な事例に恵まれないが，後葉にはいると，敷地面積4,000m²と推定される，藤原宮東方官衙下層遺構（奈良県橿原市）をはじめ，多くの居館の候補があげられている。この時期の他の地方の例には，比恵遺跡（福岡県福岡市）などがある。

B型居館はもとより邸宅としての性格の強いものであるので，現在のところ，7世紀さらには律令期にはいってからの邸宅とは，遺構の上からはこれを峻別することは困難で，むしろ整然さの度合を除けば，ほとんど差異は無いと言ってよいであろう。

さて，5世紀代のB型居館を中心に，それぞれに対応すると思われる古墳を検討すると，まず，長原遺跡の場合，A・Bともに，そこに居住した者の古墳として想定されるのは，一辺10m程度の方墳にすぎず，このことは，先取の気性で掘立柱建物を採用した有力者は，必ずしも，その地域のヒエラルヒーの頂点に立つ首長層ではなかったことを示している。

松野遺跡の場合，先行する大形前方後円墳として，5世紀初頭に築造された全長約180mの前方後円墳，念仏山古墳[9]の存在には注目しなければならないが，続く首長墓かと推定される脇浜天王塚古墳[9]にしても5世紀中葉を下り得ず，この地域では小形のものも含めて，それ以降に築造された前方後円墳は知られていない。

野尻遺跡では，長辺約50m，短辺約40m，幅約2m，深さ20〜30cmの溝が方形にめぐるが，溝の幅の狭さとその浅さからB型居館の範疇に含めて考えておきたい。5世紀後葉〜6世紀初頭にかけて営まれたとされる。

この遺跡の所在する栗東町域には，前期後葉に造墓活動を開始する安養寺古墳群があって，5世紀前葉には全長99mの帆立貝式古墳の椿山古墳が築造されるが，この古墳が最後の前方後円墳となっており，5世紀中葉の新開古墳[10]（円墳；径35m）の築造をもって首長墓系列は途絶える。

すなわち野尻遺跡は，当該地における首長墓系列が途絶えた後に営まれる居館なのであって，このことから，野尻遺跡に居住した有力者の古墳は，新開古墳の規模を越えるものではなかったと思慮される。

大園遺跡集落Aの場合，大園古墳との直接的な関係を想定する立場もあるが，B型居館のなかでも比較的小形の部類に属する，この集落Aに全長53mもの大園古墳（帆立貝式）を対応させることには首肯し難い。

A型居館はB型居館に比べると，濠の掘削土量だけでも数倍以上の労力を必要とすると考えられ，その選択は居館居住首長の在地における権力あるいは労働力集約能力の強弱に左右される部分もあったものと思われる。

同じ畿内中枢部としてまとめられる地域にあって，しかも併行期のA型居館である，名柄遺跡に対応する古墳が30〜40m級の前方後円墳と考えられることは先述した通りである。

また，同じB型居館でも大園遺跡集落Aより規模の大きな，松野・野尻両遺跡に対応すると考えられる古墳は，小規模な円または方墳に過ぎないであろう事も述べてきた。

これよりすると，大園遺跡集落Aの居住首長は，この遺跡の中でこそ相対的には有利な立場にあったにせよ，大園古墳のような，地域を代表する古墳を築くことのできた人物とは考え難い。やはり20m前後の円または方墳といったところが妥当ではないだろうか。

以上，近畿地方の5世紀後葉から6世紀前葉にかけて営まれたB型居館を概観してきたが，対応すると推定できる古墳は，そのいずれもが小規模なものであった。

宮殿跡かと推定されている点で，これらと同列に扱うことにいささか躊躇をおぼえる脇本遺跡（奈良県桜井市）ではあるが，その存続時期とされる5世紀後葉の顕著な古墳は，周辺に知られていないことは付記しておこう。

ところで，この時期の他の地方のB型居館とし

てさきに挙げた，静岡県の古新田遺跡の場合，その地域で最大規模とされる，径約30mの円墳が候補とされていることは，近畿地方のB型居館と古墳との対応関係に合致するものと言えなくもないが，近畿地方のそれに比べるといささか大きすぎるきらいがある。

一方，千葉県の玉造上之宮遺跡の場合には，やや離れた地域の大形前方後円墳を候補とする立場がある。これは単に，関東地方南部の地域色として理解できる格差なのであろうか。

3　最後の前方後円墳と居館

併行期の前方後円（方）墳またはそれに準じる規模・内容の円（方）墳の存在しない地域には，A型居館もまた認められないし，今後もわずかな例外を除き検出されることはないだろう。

しかしながら，この逆はかならずしも真ではない。社会的・政治的変動が著しいと推定される古墳時代の場合，A型居館に居住した首長が葬られるとき，生前の勢力を保っていたか否かは保証の限りではないからである。

近畿地方のA型居館の場合，名柄遺跡では周囲の環境も勘案して，ほぼ確実に対応する古墳を提示することができたと自負しているが，森山遺跡や布留遺跡についていえば，今後，さきに例示した古墳に，よりふさわしい居館が検出される可能性も高い。

ただし，ここで強調すべきことは，これら3つの近畿地方のA型居館は，いずれも前方後円（方）墳がその地域で築造されていた時期に営まれたものであることで，このことは，A型居館に居住した首長がかならず前方後円（方）墳に葬られたか否かはともかくとして，前方後円（方）墳の被葬者による在地支配の体制下においてのみ，A型居館は営まれたものであることを示している。

一方，B型居館の場合，松野遺跡や野尻遺跡などは，その地域で最後の前方後円（方）墳が築造された後に営まれたものであり，他のいずれのB型居館についても，前方後円（方）墳に対応するものはなかった。

すなわちB型居館は，その地方において，前方後円（方）墳の被葬者による支配態勢が存続している段階にあっては，より下位の首長が居住した居館であったと考えるべきである。

このことは，B型居館とは性格を異にするもの

ではあるが，下犬塚遺跡（栃木県小山市）・赤羽台遺跡（東京都北区）・小深田遺跡（静岡県焼津市）といった，幅の狭い濠を巡らせる前期の居館についても，同様に評価すべきものであることを示唆している。

そして近畿地方では，地域によって差はあるが，5世紀中葉から6世紀中葉にかけての，最後の前方後円（方）墳の築造とともにA型居館はみられなくなり，B型居館に統一されていく。この過程は，畿内政権の在地支配がこの時期直接的なものになっていく過程と軌を一にするものといえよう。

関東地方ではこの時期，最大規模のA型居館，原之城遺跡が営まれる。関東の前方後円墳はまだまだ築造され続けるのだから，これは，むしろ当然のことなのだろう。

註
1)　小笠原好彦「古代豪族の居宅の類型」帝塚山考古学，4，1984
2)　広瀬和雄「大阪府における豪族の居館跡」考古学ジャーナル，289，1988
　　清水眞一「奈良県における豪族の居館跡」同上
3)　近藤義行「1　森山遺跡発掘調査概報」『城陽市埋蔵文化財調査報告書』第6集，1977
4)　天理市教育委員会・天理参考館『布留遺跡範囲確認調査報告書』1979
　　置田雅昭「報告2．布留遺跡の調査」古代を考える，32，1983
5)　藤田和尊「奈良県御所市名柄遺跡」日本考古学年報，42，1991
6)　御所市教育委員会「第1回巨勢山古墳群発掘成果の現地説明会資料」1989
7)　佐藤　隆「5世紀の建物を発掘」葦火，22，1989
8)　京嶋　覚「河内長原古墳群とその造営集団」第4回近畿地方埋蔵文化財担当者研究会資料，1986ほか
9)　喜谷美宣「第8章　古墳時代」『新修　神戸市史歴史編1』1989
10)　鈴木博司「2　新開古墳」『滋賀県史跡調査報告』13，1961
　　下記の参考文献2）では椿山古墳を5世紀中葉，新開古墳を5世紀後葉におくが，筆者は椿山古墳はⅢ期の円筒埴輪を有する点で5世紀前葉，新開古墳は副葬品内容から5世紀中葉に比定すべきであると考えている。

《参考文献》
1)　『古墳時代の研究　2―集落と豪族居館』雄山閣出版，1990
2)　『古墳時代の研究　10―地域の古墳Ⅰ西日本』雄山閣出版，1990ほか

近畿の大型倉庫群遺跡

大阪市文化財協会
積山　洋
（せきやま・ひろし）

> 5世紀の近畿の大型倉庫群は王権や大豪族が居館と別に設けた「正
> 倉」地域の原型だが，必要以上に大型で長続きせず不安定であった

大型倉庫群の資料は，従来は奈良・平安時代の郡衙正倉が中心であったが，1982年の和歌山市鳴滝遺跡[1]と1987年の大阪市法円坂遺跡[2]の発見は，期せずして80年代に進展した古墳時代の豪族居館の発見と同一歩調を歩み，居館の研究に対して別の角度から刺激を与えるものとなった。小稿ではこの2例をとりあげ，大型倉庫群の実態を考えてみたい。

1　鳴滝倉庫群と法円坂倉庫群

鳴滝倉庫群　紀ノ川の旧河口に近い[3]北岸の山間地に所在する。北東に蛇行する谷の最奥部の斜面に位置しており，南側の独立丘陵が紀ノ川平野からの視界を遮っている。

高床倉庫群は合計7棟の掘立柱建物からなり，床面積の大小から A：SB01～SB03（平均62.5m²），B：SB04・05（平均56.6m²），C：SB06（68.9m²），D：SB07（81.9m²）の4グループに分類されている。総床面積は約452m²に及ぶ。SB06・07は斜面上にテラスを削り出して建てられている。

建物の構造は桁行4間・梁行4間の総柱であるが，2本の柱を同時に建てた柱穴や，柱筋の交点にのらない柱穴が目につく。その位置・柱の太さなどを検討した結果，上部構造は切妻造りに復原されている。

これらの建物はA・Bグループが西群，C・Dグループは東群に柱筋を揃えて配置されている。区画施設とされる東の一本柱列と西群の東妻柱列の方位は現代の磁北に対して約19°，東群の東妻柱列は約14°東に振れている。

柱は廃絶時に抜き取られているが，その抜き取り穴に炭・灰を含み，やや離れたSB06の床下部分には焼土面まで残っていたので，火災を受けた[4]のであろう。その後の建て替えはない。

SB01の柱抜取穴を中心に，貯蔵用の大型甕などの初期須恵器（陶質土器？）が多く出土し，倉下などで用いられたとされている。それらは最古の型式に近く，須恵器の出現を5世紀前半代でも中葉に近い頃と考えれば，建物群の年代はその頃と考えられる。

法円坂倉庫群　古墳時代に西の大阪湾と東の「河内湖」を画して半島状に北へ延びていた上町台地[5]の北端部付近に位置している。眺望は西と北の「難波堀江」に開けている。

発見された高床倉庫は16棟である。西群の10棟と東群の6棟で，両群は各々柱筋を揃えた南北二列で構成される。東群の東の調査地外にさらに建物が存在する可能性がある。

掘立柱建物は同一の規模・構造で，床面積は88～96m²に集中している。飛鳥時代以後を通じても最大クラスの規模で，その平均は91.9m²，総床面積は鳴滝の3倍以上の約1,470m²に及ぶ。桁行5間（約10m）・梁行5間（約9m）の総柱構造で，やはり二本柱の柱穴などがあるが，鳴滝の建物とは位置が異なり，上部構造は入母屋造りと復原された。

建物群はここでも整然と配置されており，その主方向はほぼ正方位の真東西である。

倉庫群をとり囲む塀や溝は調査地内では見つかっていない。建物群以前の遺構も検出されていない。廃絶時には柱を抜き取っており，倉庫群全体としては建て替えはない。

建物群の廃絶後に造られた竪穴住居 SB14 のカマドから I 型式4段階前後の須恵器高杯が出土した。建物の抜取穴から出土した土器にもその頃のものがあり，廃絶時期は5世紀末ごろと知られる。また，I 型式2～3段階ごろの甕の破片も抜取穴などから小量出土している。倉庫群に先行する遺構がないことを重視し，鳴滝のように貯蔵用の甕が倉庫群で用いられたと想定すれば，造営の時期を5世紀後半と推測することが可能である。

2　造営過程の復原

設計　個々の建物は法円坂が同一規模であるが，鳴滝では4段階の規模に分かれ，その面積差は6～7m²を1単位とする値になっている。

建物などの配置計画も興味深い。鳴滝では，Aグループの南北長約25.3m[6]は，東方の一本柱列から西群までの距離や，BグループのSB04の桁行長を3倍した距離と等しい。その3分の2である16.9mは，Bグループの東妻柱列からDグループのSB07の南東隅柱までの距離とほぼ等しい。法円坂では，東群南列のSB08の桁行と，東群と西群を隔てる距離が9.95mと等しく，西群の北列と南列の間隔14.8mはそのほぼ1.5倍にあたる。このように，ふたつの建物群は高い規格性をもって一体のものとして設計されており，何らかの基準尺度が用いられたのであろう。

また，法円坂の建物群は正方位で設計されている。方位測量の方法は『周礼』考工記匠人の条に見え，中国の都城に古くから採用された例があるが，わが国では最古の実例で，朝鮮を経由したにせよ，中国的な都城建築の理念が導入されていることは明白である。

建築工事　法円坂倉庫群のSB02〜04には側柱列の一部に柱を建て直した痕跡が認められたが，先行する側柱の柱穴に対応する束柱は存在しないので，建築途中に柱位置が変更されたものと考えられる。ここでまず，個々の建物は最初に側柱から建てたことがわかる。

このような柱位置の変更は，それと密接に関係する桁材・梁材・床材などの建築部材と寸法が合わなかったことが原因であろう。したがって，現地に運びこまれた大量の部材は，事前にある程度長さなどを揃えて加工されていたと思われる。その加工の際の寸法のバラツキが，建物ごとの桁行・梁行の寸法や床面積のバラツキにつながったのであろう。

鳴滝倉庫群では，東群と西群の東妻柱列で，その方位に5°の誤差がある。法円坂倉庫群でも東群と西群の北列の北側柱筋は，実は完全な一直線ではなく，2°の誤差があり，南北にも少しズレている。この現象は，各群の建築時期が多少異なることを示唆している。

法円坂の建物の側柱をみると，①東群・南列と西群・北列，②東群・北列と西群・南列とで掘形の規模や形状が異なる。ふたつの工事担当グループが存在し，各々が両群の建築に携わったかと思われ，この点でも東群と西群に工程差がある可能性を指摘できる。鳴滝では方位の同一性からまず西群と東の1本柱列が完成し，次に東群が施工さ

れたようである。東群の南にもテラスを造成しているが，柱穴がなく，埋め戻した形跡もないので，あと1棟分予定されていたという。やはり複数の小期に分けて施工したのであろう。

大規模な建築は，一回きりの工事では完成しなかったという傾向が知られるのである。

3　大型倉庫群の造営主体

規模の大きさと整然たる建物配置から，これらの倉庫群はいずれも倭王権の対外政策の拠点であるという見方[7]が多い。しかし，鳴滝倉庫群はなぜか目立たない地点を選び，規模も法円坂倉庫群の3分の1以下で，上屋は普通の切妻造り，しかも正方位の建築ではない。各小期の建築規模も面積・施工グループなど法円坂よりかなり小さい。両者にかなり大きな格差が認められることは重要である。

鳴滝倉庫群は直接には紀伊の大豪族によって造られたと考えられる。鳴滝の北約7kmの大阪府岬町・淡輪古墳群にほぼ同時期の西陵古墳（全長210m），宇度墓古墳（170m）があり，埴輪の特徴（底部に段をもち，タタキを行なう）もそのころの紀伊の古墳に類例がある[8]からである。

一方，質量ともに鳴滝を大きくしのぐ法円坂倉庫群は，やはり連合政権たる倭政権の盟主，すなわち畿内の王権が，直接その造営と経営にかかわったとみるのが自然であろう。

古市・百舌鳥両古墳群中の大王墓では，最近の編年研究[9]から大山古墳（486m），土師ニサンザイ古墳（290m）などがこの倉庫群に近い時期であろう。先述の須恵器出現の年代観では，462年の倭王・興，478年の武による中国南朝への遣使や，埼玉・稲荷山古墳の辛亥（471年）銘鉄剣にみえるワカタケル大王の名が注意されるところである。

4　古墳時代中期の大型倉庫群の特徴

大型倉庫群が計画的な建物配置をとり，「難波津」や「紀水門」など，物資の集散地である津に近い地点に造営されたのは当然であろうが，さらに以下の特徴が指摘される。

第一に，倉庫群が居館の一部というよりは，単独で完結して存在することである。鳴滝と法円坂のいずれでも，倉庫群域を含み，これと直接一体となるような居館は見つかっていない。法円坂一帯は難波宮や大阪城関係の調査が進んでいるが，

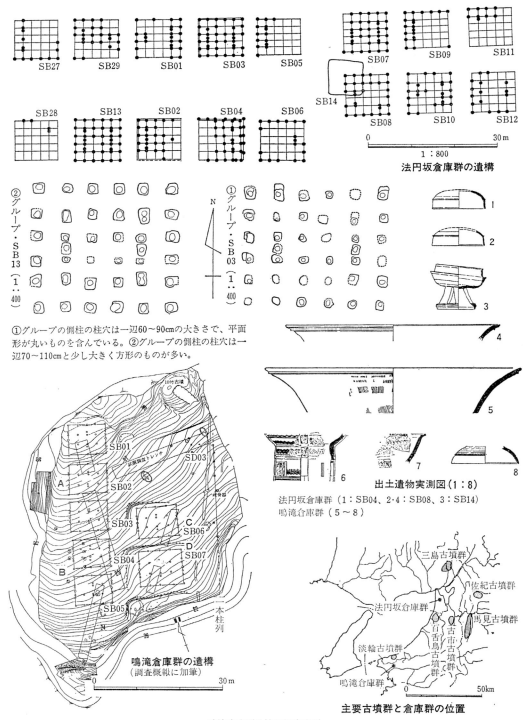

①グループの側柱の柱穴は一辺60〜90cmの大きさで、平面形が丸いものを含んでいる。②グループの側柱の柱穴は一辺70〜110cmと少し大きく方形のものが多い。

出土遺物実測図(1:8)
法円坂倉庫群(1:SB04、2・4:SB08、3:SB14)
鳴滝倉庫群(5〜8)

鳴滝倉庫群と法円坂倉庫群

同時期の大規模な遺構は未発見である。鳴滝では東方の低い鞍部に関連遺構が存在する可能性はあるが、そこも丘陵背後の傾斜地で、居館の位置にふさわしくない。このような倉庫群のあり方は古墳時代前期以前は未確認だが、居館と有機的な関係があったことまでを疑うべきではなく、遅くとも中期には、王権や大豪族にとっての「正倉」地域の原型が成立していたようである。

居館の一部を構成する倉庫群の実態が窺える6世紀中葉の伊勢崎市原之城遺跡[10]では、居館の北

西部に「中溝」で区画された倉庫群域があり，10〜28m²の倉庫が7棟以上（一部切り合うものもある），床面積約140m²が検出されている。全貌は不明ながら，仮に10棟存在したとしても，1時期に200m²を越えることは，おそらくない。まして建物の規模・配置などは鳴滝や法円坂とは雲泥の差がある。

この居館を造営した被葬者の前方後円墳も不明であるが，その候補に荷鞍山古墳（約60m）があげられている。原之城は現在知られている最大規模の居館（濠を含めて東西150m・南北165m）であるが，ここから逆に類推すると，年代差を考慮しても，鳴滝倉庫群を造営し200mクラスの古墳に葬られた紀伊の大豪族や，法円坂倉庫群を営んだ大王の居館は，相当な巨大さであったと思われる。

第二の特徴は，これらのクラには建替えがなく，長続きしないことである。鳴滝では柱抜取穴と火災痕跡が，法円坂でも抜取穴が認められるので，人為的な理由で廃絶したことが知られる。もっと津に近距離の地へ移転したとも考えられるが，一回限りのクラであった可能性も残る。どちらであれ，かなり不安定な存在であったらしい。

この時代には1棟の規模が巨大化の頂点を極めることも見逃せない。規模が匹敵する倉庫群の遺構としては，前期難波宮の内裏西方官衙[11]がある。1棟の規模は70〜90m²で，法円坂の個々の建物は，7世紀の「大蔵」クラスである宮殿直属のこの倉庫群よりも大きい。6世紀後半〜7世紀前半の福岡市比恵遺跡の大型倉庫群[12]や原之城の倉庫群は30m²以下の小規模な建物多数から成る。その方が用材が得やすく，使用に際しても無駄が少なく実際的であろうにもかかわらず，5世紀代には必要以上に建物を巨大化させたかの如くみられる。このような大型志向が前方後円墳の巨大化傾向と軌を一にしていることは興味深い。

なお，建築史からみると，二本柱や柱筋の交点をはずれた柱穴があるなど，この時代の建物には特異な構造が目立つ。二本柱の柱穴は5世紀後半の高槻市新池埴輪窯の工房址[13]でもみられる。さらに総柱構造が急速に普及したこともあわせて，古墳時代中期は建築史上でも特筆すべき時代といえるであろう。

註

1) 武内雅人・土井孝之『鳴滝遺跡発掘調査概報』和歌山県教育委員会，1982，武内雅人「鳴滝遺跡の掘立柱建物群と出土遺物」『第二回近畿地方埋蔵文化財担当者研究会資料』1984，建物の復原は宮本長二郎「住居」『岩波講座日本考古学』4，1986

2) 『大阪市中央体育館地域における難波宮跡・大坂城跡発掘調査中間報告』・『同』Ⅱ，大阪市文化財協会，1989・1990，南秀雄「難波宮で見つかった古墳時代の大型倉庫群について」ヒストリア，124，1989，積山洋「古墳時代中期の大型倉庫群—難波のクラと紀伊のクラをめぐる一試論—」大阪の歴史，30，1990，南・積山「ふたつの大倉庫群」『クラと古代王権』ミネルヴァ書房，1991予定，建物の復原は植木久「大阪市中央区法円坂地区で発見された建築遺構」ヒストリア，124，1989

3) 日下雅義「紀ノ川の河道と海岸線の変化」『歴史時代の地形環境』古今書院，1980

4) 『概報』によれば，調査担当の武内氏らは，これらの炭・灰を火災によるものとはせず，廃絶時の廃材処理によって生成したものとされており，筆者とは見解を異にしている。

5) 梶山彦太郎・市原実『大阪平野のおいたち』青木書店，1986

6) 註2)積山論文の表6では25.3mの実測値が少し異なっている。訂正しておきたい。

7) 小笠原好彦「遺跡からみた古代の大型倉庫群」ヒストリア，124，1989

8) 川西宏幸「淡輪の首長と埴輪生産」大阪文化誌，2—4，1977，後に「田身輪の首長」として『古墳時代政治史序説』に収録，塙書房，1988，鈴木重治・坂靖ほか『木ノ本釜山（木ノ本Ⅲ）遺跡発掘調査報告書』同志社大学考古学研究室・和歌山市教育委員会，1989

9) 川西宏幸「円筒埴輪総論」考古学雑誌，64—2，1978，後『古墳時代政治史序説』に収録，白石太一郎「日本古墳文化論」『講座日本歴史1』東京大学出版会，1984，和田晴吾「古墳時代の時期区分をめぐって」考古学研究，34—2，1987，広瀬和雄「大王墓の系譜とその特質」考古学研究，34—3・4，1987・1988，一瀬和夫「古市古墳群における大型古墳埴輪集成」『大水川改修にともなう発掘調査概要・Ⅴ』大阪府教育委員会，1988，天野末喜「近畿，中部（大阪）」『古墳時代の研究』10，雄山閣，1990

10) 中澤貞治『原之城遺跡発掘調査報告書』伊勢崎市教育委員会，1988，国立歴史民俗博物館『再現・古代の豪族居館』1990

11) 註2)大阪市文化財協会中間報告・同Ⅱ，積山洋「前期難波宮内裏西方官衙の検討」ヒストリア，124，1989

12) 柳沢一男『比恵遺跡第八次調査概要』福岡市教育委員会，1985

13) 森田克行「大阪府高槻市新池遺跡の調査」考古学研究，37—1，1990

東海の豪族居館

浅羽町文化財専門審議委員
■ 柴田　稔
（しばた・みのる）

東海の豪族居館は現在静岡県にのみ発見されているが，いずれ
も大型古墳と直接係わらないところに存在する点が注目される

豪族居館跡と言い得る遺跡は，平安時代以降も含めれば，東海地方にも少なからず存在するが，ここでは，古墳時代に限って考えたい。また，厳密な規定ができないため，いわゆる豪族，いわゆる居館という前提を置きたい。

東海地方で豪族居館が注目されたのは，奇しくも時を同じくして調査された，浜松市大平遺跡と磐田郡浅羽町古新田遺跡からであろう。両遺跡ともに，1989年を中心に調査されたもので，その点では問題が提起されてからの経過は短い。

したがって，事例の収集や検討は進んでいない。とくに，従来からの研究を見ても，愛知・三重・岐阜県のいわゆる東海地方での事例は発見されていない。これらは，おそらく事例がないというのではなく，従来の調査資料の中から拾いきっていないということであろう。このことは，以後において記述する静岡県内の事例から推察できる。

1　静岡県内の豪族居館

静岡県内では，焼津市小深田遺跡（4世紀）が最も早くから注目されていたが，他にも，駿東郡小山町横山遺跡（7世紀），袋井市掛之上遺跡（7世紀），同土橋遺跡（4世紀），袋井市坂尻遺跡（7世紀），焼津市宮之腰遺跡（5世紀）などもその可能性を指摘できる。

小深田遺跡・土橋遺跡・大平遺跡　この3遺跡は，いずれも4世紀代の遺跡であり，共通性も指摘できる。

小深田遺跡では，溝に囲まれた幾つかの区画があり，その区画の個々に竪穴住居と掘立柱建物，および井戸状遺構などがある。また，小型仿製鏡などが出土している。さらに，隣接する小深田西遺跡には，小型仿製鏡を副葬品に持つ例を含む，有力な方形周溝墓群がある。

集落の形態は，溝に囲まれているという点を除けば，一般の4世紀代の集落と変わらないともいえる。

土橋遺跡は，幅約2mの溝によって一辺30m強の隅丸方形区画が作られ，その内側に4棟の掘立柱建物が検出されている。図2は，報告書に加筆したもので，検討の余地は残っているが，SB-11，SB-13，KSB-0（仮称）の3棟は，ほぼ一致した方位を持っている。また，片側に独立棟持柱を持つとも考えられるSB-12は，前3者とは若干異なった方位を持っている。

この区画の周辺から同時期と考えられる掘立柱建物が数棟検出されているが，竪穴住居は，調査の範囲内からは検出されていない。

大平遺跡からは，竪穴住居60軒，掘立柱建物76棟，周溝墓1基，土坑48基などが検出されている。この遺跡の全体図は，『季刊考古学』第32号に掲載されているので，参照してほしい。

遺跡は，北縁部，北東部，南東部とに大別できる。

北縁部は，おぼれ谷に面する側に柵列が約300m続いている。この柵列から派生するように布掘の溝がほぼ50m間隔で4カ所に認められ，5区画程度に区分されている。

この部分には，竪穴住居と掘立柱建物が混在しているが，竪穴住居跡が集中する部分と掘立柱建物が集中する部分とに区別することもできる。また，建物の切り合い関係を見ると，数期に別けることもできる。

これらの検討は，現段階ではそれほど進んではいないが，南よりの部分には倉庫群ではないかと思われる箇所もある。また，中央部付近には，一辺13m弱の大型竪穴住居も見られる。

北東部には，竪穴住居跡は見られず，柵列，あるいは布掘の溝に囲まれた掘立柱建物群がある。図3はその一部であるが，布掘の溝に係わりなく並ぶ3棟の群，布掘の溝の中に収まる3棟の群，同じく溝の中に収まり，独立棟持柱を持つ1棟の建物との3群に別けることができる。

この北側には，一辺約33mの方形柵列もあるが，内部からは2棟の掘立柱建物を検出しただけ

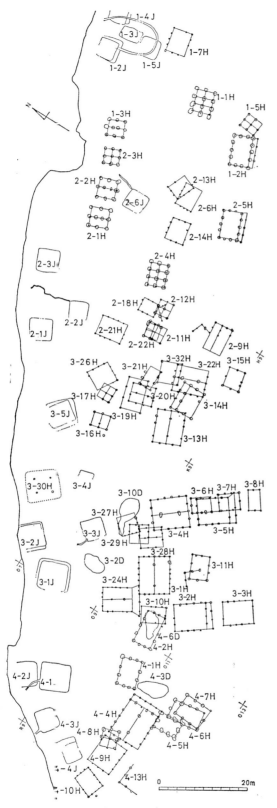

図1 古新田遺跡遺構配置図（古墳時代，土坑群などは一部省略）

で，広い空間がある。

遺跡の南東部は，北縁部と同様に竪穴住居と掘立柱建物が混在しているが，その分布は散漫になっている。

以上のような概況を見ると，具体的に場所の限定はできないとしても，主館域とでも呼びうる政治・祭祀の場，居館域と呼び得る首長の居住の場，倉庫群，一般の集落構成員の居住の場，とに別けて理解できる。

以上の3遺跡を見ると，小深田遺跡は，大平遺跡の北縁部の一部と類似し，土橋遺跡は，同じく北東部付近と類似していることが指摘でき，3遺跡は質的には同等の遺跡ではないかと思われる。

古新田遺跡　前3者が古墳時代前期の遺跡であるのに対し，古新田遺跡は古墳時代中期後半の遺跡である。

現在資料の整理が終わっていないが，古墳時代中期の掘立柱建物59棟，竪穴住居16軒，土坑多数などが調査された。

古新田遺跡は，太田・原野谷川を挟んで磐田原台地と対峙するような位置にあり，眼下には，太田・原野谷川の氾濫原が開ける段丘上に立地している。この遺跡の周辺での考古学的調査は，ここ10年急速に進み，沖積平野には弥生・古墳時代の有力な遺跡も発見されるようになった。

当遺跡の遺構は，西部，中央部，東部，北縁部に大別できる。

西部は，「コ」字状配置の建物群と土坑群で代表される。「コ」字状配置は，4-4・5・7・9・13Hから構成される部分と，3-1〜8・10・11・24・28・29から構成される部分とに別けられる。前者は，南側が調査区からはずれており，南に続くことは十分考えられる。

建物には，屋内棟持柱付建物，庇付建物，一般の掘立柱建物などがあり，総柱式の倉庫と思われる例はない。建物配置から見ると，3-1Hと4-4Hは主屋的要素が強いと見られるが，3-24Hもある時期は主屋であった可能性がある。また，主屋的要素の強い建物の脇には，多量の遺物を含む土坑が付随しているように見える。これらの内，4-3Dからは臼玉などの3,000点にもおよぶ石製模造品が出土し，祭祀との強い関連が指摘できる。

建物の重複関係などから，これらの建物群は，数期に別けられるであろう。

中央部には，3-13・14・22Hを中心とした建物

31

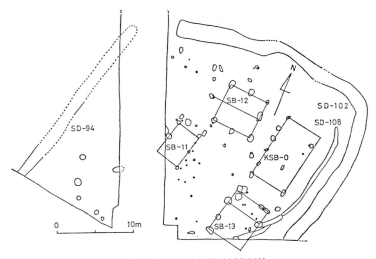

図2 溝に囲まれた建物群（土橋遺跡）

群がある。これらは，方位を基準にして重複しないように分類すると，4期に別けることができる。これらを便宜的にA，Ca，Cb，Bとしたが，時期の前後関係の指摘まではできない。A期は，この部分には同一方位を持つ建物が3棟しかないことから比較的確実な建物配置である。また，この方位は，4-4Hなどから構成される「コ」字状配置と同一である。CaとCb期は，同一方位を持つ6棟をA期の例に準じて3棟ずつに別けたもので，他の組み合わせも考えられる。Ca，Cb期の建物方位は，東部の「ロ」字状配置の建物群と同一である。B期は，A，Ca，Cb期の建物群の東側に隣接している。3-9・3-15・3-12Hおよび11ないし22H 4棟で1組と考えた。建物の方位から見ると，2-18・21Hも同一であるが，これは北縁部の竪穴住居と関連した建物と考えている。

A期に代表される3棟1単位の建物配置は，大平，土橋遺跡にも見られ，普遍的とはいえないまでも蓋然性は認めたい。

東部は，総柱建物6棟，庇付掘立柱建物2棟が「ロ」字状に配置され，倉庫群と管理棟を想像させる。

北縁部には，開析谷への変換線に沿って並ぶ竪穴住居跡と，それらとともに群を構成する掘立柱建物跡がある。

以上のような状況から，4大別した各部分には，それぞれの機能が存在したと見ることができる。そして，それは，大平遺跡の集落構成とも類似した点が多いことが指摘される。

これらを，西部―主館域，中央部―居館域，東部―一群倉域，北縁部―居住域と考えるのも一つの案であろう。

古新田遺跡からは，柵列，濠，土塁のような区画とか防御の施設は検出されていない。この点は，将来ともに遺跡の性格を考える上での課題になるであろう。また，5世紀後半の一般的な集落の実態は，当地方では明確でない。浜松市伊場遺跡では，竪穴住居跡が主体となった集落が調査されているが，これが，一般の集落形態であったとは速断できない一面がある。

2 小深田・土橋・大平遺跡の位置付け

大平遺跡と開析谷を隔てた西側には，同時期の集落跡である中平(なかひら)遺跡が所在し，隣接した遺跡での対比ができる。

中平遺跡では，竪穴住居165軒に対し，掘立柱建物は梁間1間の例が数棟みられるだけで，掘立柱建物の少なさが目立つことが，大平遺跡との極端な違いである。しかし，近年の調査で古新田遺跡の弥生時代遺構や，浅羽町北山遺跡E地点などでは，弥生時代後期でも，竪穴住居と梁間1間の掘立柱建物が同数程度発見されている。これは，この地域での普遍的な状況というわけではないが，現時点では，首長集落であるという立証はできていない点を考慮に入れれば，大平遺跡は，梁間2間以上の大型の掘立柱建物の存在，柵などの

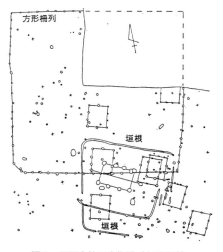

図3 区画を持つ建物群（大平遺跡）

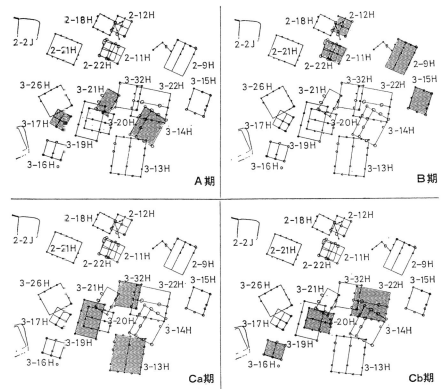

図4 古新田遺跡居館域の建物配置

区画や集落内の機能分化という点などが，その優位性を指摘できる要素となる。

大平遺跡を始めとした3遺跡の時期には，当地域では古墳の築造が確認されず，周溝墓などの弥生時代的な墓制の時期である。

大平遺跡では，そうした墓制から遺跡の性格を知る資料を得ることはできないが，小深田遺跡は，先に記した小深田西遺跡と関連するという前提に立てば，有力な周溝墓群の造墓集団の集落だといえる。また，土橋遺跡は，直後の時期には，新豊院山1・2号墳を築造した集団が居住した遺跡群の一角にあると考えられる。このような点を加味すれば，大平遺跡もまた，有力な首長集落であったということはできる。

3 古新田遺跡の位置付け

この遺跡では整然とした建物の配置と機能分化を窺わせているが，柵などの区画はまったく検出されていない。また，遺跡の西側には，沖積地に至るまで連続的に，同時期の集落が広い範囲に認められ，大型の集落ないしは遺跡群の一角に所在したことが予測される。

古新田遺跡の周辺で，5世紀後半と思われる最も有力な古墳は，東方約1kmの山上に立地する五ヶ山1号墳であるが，径30m前後の円墳の可能性が高い。この他にも，30m級の前方後円墳や小型の円墳などが見られるが，とくに有力な古墳群は形成されていない。また，西方約3.5kmには，磐田原古墳群が所在するが，この間には，太田・原野谷川の氾濫原が広がっており，両者の直接的関連は現段階では考え難い。

しかし，防御の施設や柵などの区画は検出されないとはいえ，5世紀後半の須恵器や，多量の石製模造品を使用している点，「コ」字状，「ロ」字状の整然とした建物配置などは，当地方の一般的な集落に普遍的に見られるとは考え難いことであり，有力な首長層の居住を予測させる。

4 まとめ

4～5世紀の有力な遺跡を4例挙げたが，これらがどの程度の首長層が居住した遺跡なのかという点は，結局は漠然としたものであった。しかし，松林山古墳，堂山古墳などの静岡県内で最大規模を誇る前方後円墳を含む磐田原古墳群とは直接係わらないところで，豪族居館を論議するような資料が出現していることは，今後の研究に多方面からの課題を提供したといえよう。

主要参考文献

鈴木一守・鈴木敏則『西鴨江 中平遺跡』浜松市教育委員会，1982

鈴木敏則「静岡県大平遺跡」季刊考古学，32，1990

永井義博ほか『土橋遺跡』袋井市教育委員会，1985

原川 宏ほか『焼津市埋蔵文化財発掘調査概報』I・II，焼津市教育委員会，1981・1982

柴田 稔・柴田 睦『古新田』浅羽町教育委員会，1991

関東南部の豪族居館

国立歴史民俗博物館教授
■ 阿部義平
（あべ・ぎへい）

関東南部の豪族居館は例が少なく，関東北部とは様相を異にしているが，関連する古墳の候補はそれぞれ近傍に存在する

上総，下総，武蔵，相模の地域を関東南部とする。ここでの古墳時代居館関連遺跡の報告例は少なく，濠を伴う例が3例，大型の建物群やそれを掘立柱列で区画する例が3例あげられる。関東北部と様相が異なる所がある。

1 赤羽台遺跡（東京都北区）（図1）

武蔵野台地の東北端に位置する標高約20mの台地上にある。先土器時代から近現代に至る複合遺跡で，弥生時代後期の最大径180mほどの環濠集落の後，古墳時代前期の集落と「方形区画溝」遺構が検出されている。前期の竪穴住居址は台地端の各所に広がり，80余棟をかぞえる。その内には径10mをこす隅丸方形の大型住居址も含まれている。方形区画溝は台地のやや奥まった地点で舌状の微地形の付け根部分にあるが，残存状況はよくない。長軸53.5m，短軸47.5mのやや隅丸状の長方形を呈する。溝は最大幅1.3mの浅い箱堀状をなす。区画内から竪穴住居址5棟が検出されていて，3棟は溝に沿う方向をとる。この集落は一旦前期で廃絶する。弥生時代の環濠集落が廃された後に古墳時代集落と居館が出現している例で，台地縁には18m四方ほどの方形周溝墓が認められているものの，居館との関係は確実でなく，居館の施設の詳細もまだよくわからない。

2 高岡大山遺跡（千葉県佐倉市）（図2）

印旛沼の南方の房総台地が開析された南向きの標高30mほどの舌状をなした先端部にある。先土器時代から中近世に至る複合遺跡で，弥生時代の遺構は少ない。古墳時代から律令時代にかけて遺構の重複が検出されている。古墳時代前期の五領式の時期には「環濠」が検出されている。環濠は台地の先端部にあって，直径57m内外の不整円形または六角形状を呈する。北側に出入口に当る5mほどの陸橋部分をもっている。環濠内部には，五領式期の内でも比較的古式の様相の土器を伴う竪穴住居址が17棟検出されているが，位置関係からすべて同時存在とは見がたい。環濠は2m内外

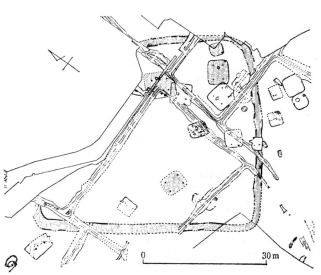

図1 赤羽台遺跡（『赤羽台・袋低地・舟渡』より，一部加筆）

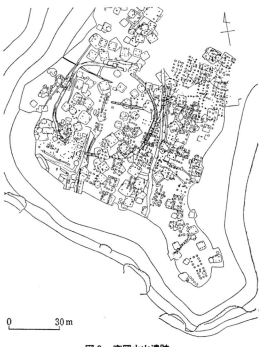

図2 高岡大山遺跡
（『印旛郡市文化財センター年報2』より，一部加筆）

で浅く，出土土器はまとまった様相を示している。環濠外にも前期の竪穴住居が広く存在する。和泉期に集落規模が縮小するといわれ，鬼高期にまた拡大している。律令期には掘立柱の建物群の，とくに倉庫群を含めた広域かつ規格的な様相が検出されている。台地上に前期に比定される方形周溝墓4基も検出されている。

環濠も北方からの出入口付近や両側辺では直線状をなす部分があって，平面形を整える意識が伺われる。環濠内の遺構は竪穴住居のみで構成された可能性が高く，それも若干の時期変遷をへたようにみられ，特定の人々の占居した居館関連施設とみることができる。

3　国生本屋敷遺跡（茨城県石下町）（図3）

茨城県西部にあり，関東平野の中央部に所在する遺跡であるが，旧下総国に属する。鬼怒川中流域右岸の標高23m，比高8mほどの台地上にある。常総台地が開析された東南にのびて鬼怒川に面する長さ1.5km，幅0.5kmほどの台地平坦面に集落が広がるらしく，その台地中央部の川を見おろす所に居館が営まれていた。

この居館は各辺をトレンチで調査したもので，四周に濠をめぐらした方形単郭の平面を呈し，濠の外辺で80×76mほど，内法で72×68mの規模を有し，長軸を東北東に向けている。外周の濠は幅4m内外，深さは約2mから浅い所で1mほ

どを計り，浅い所と深い所で人工的段落がみられた。濠の内側約3mの所に，幅0.4mほどの布掘りの溝状遺構があり，一部で円柱状の柱の当りを認めた。溝の東南部の屈折部分では布掘り遺構の掘り直しを確認した。この溝は柵木列の遺構とみられ，約65×61mの範囲を囲む。出入口は長辺の南と北に想定され，土橋はみられない。濠の内外に盛土は認められなかったし，流入土の状況でも確認はされなかったが，濠の埋土の上半は遺物のほとんどない黒色土で，下半の崩落した褐色土の内に若干の土器の投入廃棄面がみられ，濠の土が付近に盛土されていたとみられる。布掘り溝は底面近くしか残っておらず，柵木が樹立されるためには濠の内側に少なくとも1m内外の盛土が必要とみられる。

内部の施設として竪穴住居址4棟が北寄りのトレンチで認められたが，調査面積が限られ，中央部などの遺構状況は想定しがたい。竪穴住居址の1例は径6mほどの隅丸方形をなし，4本の主柱と出入口を示すらしい柱1本と竪穴の壁に沿う柱若干も確認している。炉址や貯蔵穴もみられ，五領式土器が床面や埋土から多量に出土した。濠の一部では五領式土器が層位的に出土し，濠の存続状況を示していた。

台地北部の鬼怒川に面した一端には東山塚古墳とよぶ前方後円墳が所在していたことが判明した。居館の北方約1kmに当たる。この古墳は付近で目立つ高所をなしていたが戦後削平され，わずかに大場磐雄氏の撮影した写真が残されている。削平の折の調査では目立った成果は報ぜられていない。現状の測量調査で墳丘の残存部などから全長72mほどの前方部が長くのびた前方後円墳であったことが判明した。居館と古墳のある台地上には時期の降る若干の円墳があるものの，鬼怒川に両者が面していることや居館の出入口の方向，推定される時期から両者が対応する可能性が高い。なお南方4kmの鬼怒川沿いにも全長約70mの前期の前方後円墳の六所塚古墳が築かれている。

居館の廃絶後，7世紀後半代からの時期とみられる一辺約70mの溝を伴う区画がほぼ同一地点に設けられてい

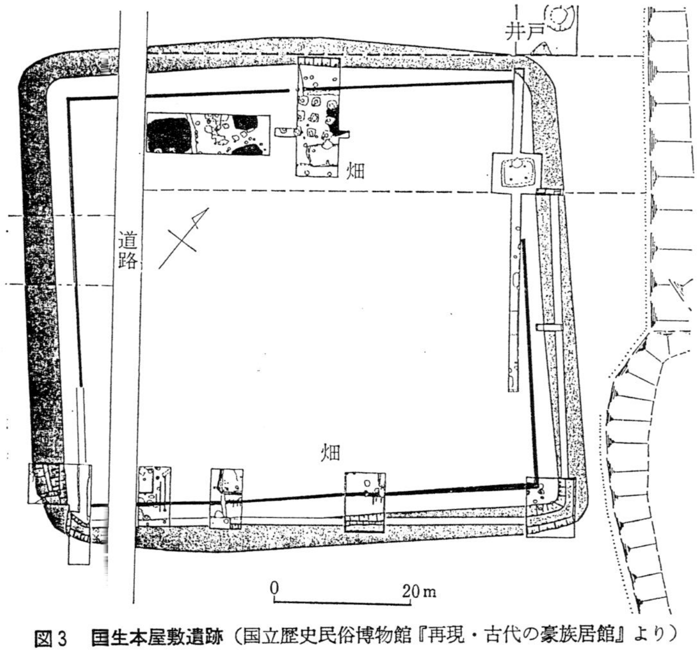

図3　国生本屋敷遺跡（国立歴史民俗博物館『再現・古代の豪族居館』より）

る。この内部には掘立柱の 2×3 間の総柱の倉庫や他に掘立柱建物も検出され，外部には井戸2基，竪穴住居址などが検出されている。この区画廃絶後に奈良時代末から平安時代にかけての集落が展開しており，区画があった付近の竪穴住居址は区画の方位をほぼ踏襲し，周辺の住居址と方位を違えていることも判明した。この時期まで，古墳時代居館の遺構の影響が地形的にも残っていた可能性を示すものであろう。律令期の区画施設の性格はまだわかっていない。

4 北川表の上遺跡（神奈川県横浜市）（図4）

北川表の上遺跡は港北ニュータウン東端の遺跡で，下末吉台地に属する標高19m以上の北西に向って張り出す台地末端にある。東西100m以上に及ぶ調査区で，弥生時代後期後半には竪穴住居址21棟，他に方形周溝墓4基が営まれた。弥生時代末から古墳時代初頭にかけて，竪穴住居址63棟，掘立柱建物址8棟，柱列1，方形周溝墓1基，円形周溝1などが検出されている。後期には竪穴住居址4棟があるだけである。前期の竪穴住居址の平面形は隅丸方形を呈するものが多い。規模は一辺9m弱のものから3m弱のものまでみられる。掘立柱建物は同じ地区に展開し，弥生期の竪穴より新しく，鬼高期より古いもので，同期の竪穴を切って設けられている。棟持柱をもつもの2棟，梁行1間に桁行2間のもの4棟，1×3間のもの1棟，総柱で棟持柱を外寄りにもつ平面を示すもの1棟がみられる。棟持柱をもつ1例は側柱3間（総長約6m），梁行1間（長さ約5m），梁行中間の外側に一対の棟持柱（長さ約10m）の亀甲形の配置をなす。これ以外の平面のものはこれより規模が小さいが，台地上で全部で4つのグループをなす形で主軸を直交させるなどの関連した配置を示しながら各々重複しないで営まれている。棟持柱をもつ2棟の建物もわずかに方位を違え，時期を違えているとみられる。これらの掘立柱建物群に竪穴住居が伴うのか論及されていないものの，掘立柱建物群は有力者の居住を示すものと考えられる。

方形周溝墓は一辺11m，円形周溝は径5mの半円形を呈し，周辺部で検出されている。本遺跡のような棟持柱を外側にもつ掘立柱建物は，静岡県大平遺跡でも認められており，西方からこの時期に波及してきた建築様式であろう。

5 草苅尾梨遺跡（千葉県市原市）（60頁図1）

上総と下総の境に近い村田川中流域左岸にある。標高14mの比高の低い台地面上で，さらに浅い谷状の微地形に限られた所に立地している。1984年に門とそれに続く掘立柱列，1990年にさらに2棟の掘立柱建物が発掘調査され，古墳時代中期の居館遺跡であることが判明した。門は四脚門で南北3.8m，東西4.6mを計り，中央棟通りに柱間間隔2mの柱2本を加え，ここに門扉が開いていたとみられる。門の東側にはほぼ東西方向に掘立柱列が約32m続き，北におれて30mほど続いている。その北端は未調査であるが，区画内の後述する中心とみられる建物との関係で南北100mをこすのでないかとみられている。門から北約60mの所に中心の殿舎に当たる掘立柱建物がみられる。東西3間以上（5.4m以上），南北3間（6.3mほど）の建物遺構は建物全体の東半分に当たるとみられている。その東北方には3×2間の小規模な掘立柱建物がある。中心建物より南方の区画内で掘立柱列とほぼ

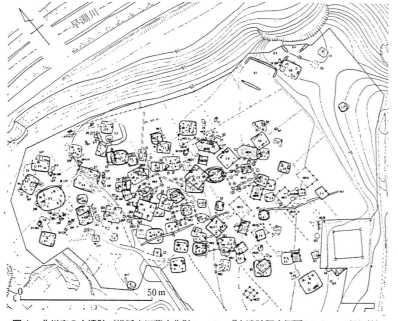

図4 北川表の上遺跡（横浜市埋蔵文化財センター『全遺跡調査概要』より，一部加筆）

方向を合せた和泉期の竪穴住居址 5 棟が認められ，鬼高期の遺構との切り合い関係などから，これらが和泉期の区画された施設であることが判定された。後期の鬼高期には，4×5間の掘立柱建物（各辺7m以上）など3棟の掘立柱建物がみられる。この寸近から南60m付近まで竪穴住居址多数が一部重複しながら検出されている。和泉期の区画とは少し方向を振りながら，前代の掘立柱建物群付近に掘立柱建物，南限の塀付近まで竪穴住居の展開があるようにみられ，前代の立地を踏襲しているとみられる。しかし主要な掘立柱建物の平面形には違いが生じている可能性が高い。

遺跡の東南方や周辺の台地などには，中期以降の前方後円墳や円墳など大型古墳も認められているが，対応する古墳は特定されていない。この遺構には濠は伴っていない。後期には別の様相のまとまった施設群に変貌しているのが注目される。

6 玉造上の台遺跡（千葉県佐原市）（図5）

標高39mほどの南北にのびる台地上にある。一旦狭められた台地の北部には，前方後円墳を含む玉造古墳群が展開する。奈良・平安時代以降の遺構も重複しているが，古墳時代の竪穴住居址は106棟，掘立柱建物跡は10棟ほどが検出されている。玉造の原石や破片，立花の欠損品，臼玉，勾玉なども出土している。遺構の切り合い関係などから，掘立柱建物は5世紀末から6世紀初めころを中心に営まれたものと判明した。最も大規模な掘立柱建物は，上屋6×8間，下屋8×10間の南北棟の建物で，総長は南北13.7m，東西10.5mを計る。上屋内には2列の床束柱を付設している。この建物の北側40mほどの所に，東西棟の5×7間の大型掘立柱建物や2×3間の小型掘立柱建物などが展開するものの，区画の施設は認められていない。竪穴住居址との関係もまだ明らかでないが，地形上のまとまりを防備的に使った有力者の施設が含まれているとみられる。

関東地方南部で鬼高期の掘立柱建物が検出された集落は少なくないが，玉造上の台遺跡クラスの大規模な建物例は稀らしい。この地域の居館施設は前期に鬼怒川付近で防備性の高い例がみられるが，以西ではやや多様なあり方を示している。区画を設けない大規模な掘立柱建物群なども展開している。中期には整った区画施設や掘立柱建物配置もみられる。後期には区画施設が判明した例がまだみられず，掘立柱建物も合掌組の屋根の民家風の構造が中心となって，各所に展開したものとみることができる。居館と古墳の関係は，立証に至った例はないが，候補となる古墳などは近傍に存在している。

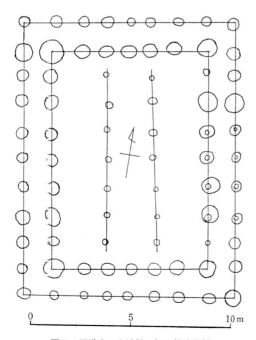

図5 玉造上の台遺跡の掘立柱建物例
（「原田亨二」玉造上の台遺跡」より作図）

参考文献

永峯光一ほか『赤羽台・袋低地・舟渡』東北新幹線赤羽地区遺跡調査会，1986

大谷 猛「赤羽台遺跡」『関東の古代豪族居館跡』茨城県考古学協会，1989

有澤 要ほか「高岡大山遺跡」『印旛郡市文化財センター年報2』1986

有澤 要ほか「佐倉市高岡大山遺跡」『印旛郡市文化財センター年報3』1987

阿部義平「国生本屋敷遺跡」『関東の古代豪族居館跡』茨城県考古学協会，1989

鈴木重信ほか「横浜市北川表の上遺跡（ル14）の調査」『第11回神奈川県遺跡調査・研究発表会発表要旨』1987

鈴木重信「北川表の上遺跡（ル14）〔港北374〕」『全遺跡調査概要』横浜市埋蔵文化財センター，1990

鈴木英啓「潤井戸西山遺跡」市原市文化財センターほか，1986

半田堅三「草苅尾梨遺跡（潤井戸西山遺跡B地区）」『第6回市原市文化財センター遺跡発表会要旨』1991

原田亨二「玉造上の台遺跡」『関東の古代豪族居館』茨城県考古学協会，1989

関東北部の豪族居館

早稲田大学文化財調査室
■ 橋本博文
（はしもと・ひろふみ）

栃木，群馬県地方の豪族居館は前期から存在する。高いウエイト
を占める祭祀遺構は大型のものほど充実し，祭具の出土量も多い

本地域（群馬・栃木両県）は，この種の遺跡が全国で最も多く発見されている所である。紙数の都合上，諸例の紹介と若干の考察，及び参考文献の提示にとどめる。

1 遺跡の紹介

(1) 堀越遺跡[1]（栃木県矢板市堀越）

中小河川，中川と内川に挟まれた低台地上に立地する。方形単郭で，一辺46m前後のほぼ正方形を呈すると考えられる。周囲に上幅3〜4m，下幅2m前後，深さ1.5m前後の断面逆台形の濠を巡らす。東辺と南辺の各々中央部付近において出入口の存在を想定する向きもある。さらに前者の前面の濠底には橋脚の跡と推定されるピットが存在する。

この柵列によって区画された中を田の字形に4分割した南東区画の位置に，一辺約9mの大型竪穴住居址が1軒確認された。平面ほぼ方形で，壁柱穴を伴い，外見的には掘立柱建物とは大差ない壁持ちの建物が復元される。その他の4分の3区画では建物址は検出されなかった。周囲には同時期の古墳時代前期の竪穴住居址が分布しているが，いずれも居館内部の大型竪穴住居址に比べて小さく，構造も通有のものである。

(2) 四斗蒔遺跡[2]（栃木県塩谷郡氏家町狭間田）

喜連川丘陵下の低台地上に立地する。東西両側に旧河道が存在し，低地となっている。その南北に長い馬の背状の台地に東西に並んで濠と柵列などの囲郭施設をもつ方形の2基の遺構が確認された。西側の1号遺構は南北両辺の中央に張り出し部を有し，東側の2号遺構は張り出し部を欠く。1号遺構の周囲には上幅約3m，下幅約1m，深さ約1.2mの濠が東西39m，南北41mの範囲を巡る。濠の外側に土塁を伴っていたようである。1号遺構の東西両辺の中央には橋が架かっていた形跡があり，とくに西辺では新旧2本の橋脚が遺存していた。濠に囲まれた内部の奥まった位置には，一辺約7mの大型竪穴住居址が1軒存在す

る。日常の什器の他，ミニチュア土器が1点出土している。2号遺構の詳細は不明であるが，東西約43m，南北約52mを測る。両者とも古墳時代前期に属するものの，その先後関係は明らかでない。ただし，当初から同時設計されたものではないらしい。

(3) 下犬塚遺跡[3]（栃木県小山市犬塚）

西仁連川右岸の低台地上に立地する。上幅約1.8m，深さ約1mの断面形V字形の濠がほぼ方形に巡ると推定される。一辺は東南辺で35.3mを有する。濠は一部掘り直しているらしい。濠に囲まれた内部には調査範囲で10軒の竪穴住居址が確認されている。それらには切り合い関係は認められないが，同時には存在していなかった可能性がある。大型のものが一辺5m前後，小型のものが一辺3m前後で全体的に規模は小さい。また濠の外にも，ほぼ同時期の古墳時代前期の竪穴住居址が5軒ほど発見されている。出土遺物の中には，「朱彩された小形壺」など祭祀的な土器をも含むようである。

(4) 成沢遺跡[4]（栃木県小山市南半田）

利根川の支流，姿川と思川の合流点の約1km北方，姿川左岸の低台地上に立地する。遺跡は西半を姿川によって浸食されている。歪みがあるが，外郭施設の濠が基本的には方形に巡ると考えられる。完存する東辺は長さ約56mを有する。濠は断面逆台形を呈し，上幅2.5〜3.5m，下幅1.6〜2.3m，深さ約0.8mを測る。濠に囲まれた内側約3mには柵列が存在する。東辺の南に寄った位置で1か所，出入口と考えられる柵木間の開く場所が認められる。さらにその内部には5軒の竪穴遺構が検出されている。うち，中央部に近いSI03がやや大きく，一辺6.5mほどの規模である。出土遺物には土師器の他に，初期須恵器の甕などがあり，時期は5世紀後半とされる。

(5) 成塚住宅団地遺跡[5]（群馬県太田市成塚）

大間々扇状地東側扇側部に位置し，東西の旧河道の合流点近く，両者に挟まれた洪積低台地上に

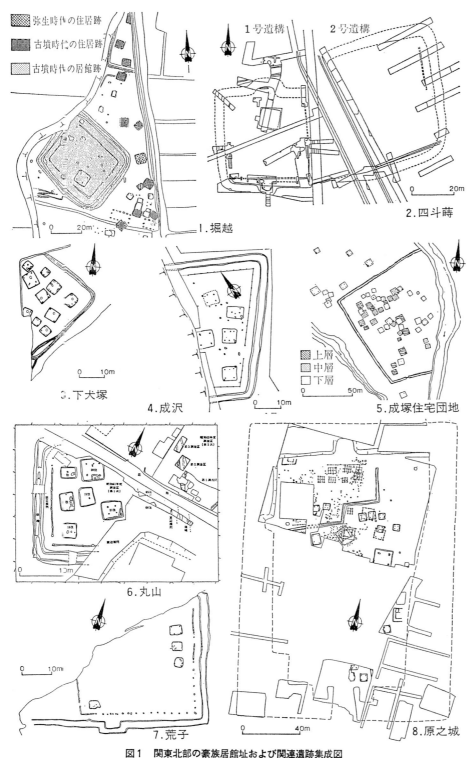

図1 関東北部の豪族居館址および関連遺跡集成図

立地する。東辺は東側の河道を利用しているらしく、その他、西・南・北の三辺の濠が直線的にコの字形に連結し、全体で不整方形気味に取り囲んでいる。西辺は93mを測る。濠は幅約3m、深さ約1mの規模を有する。南辺の西寄りにブリッジ状の内外からの張り出しがある。柵列は認められないが、内側に土塁をもっていた痕跡があり、住居址の分布も濠から内側に約5mの範囲には見られず、帯状の空間地帯となっている。内部には50軒ほどの竪穴住居址が存在し、それらは濠覆土の3層の遺物と対応関係にあるらしく、3時期に分かれるという。時期的には、5世紀第Ⅲ・Ⅳ四半世紀頃のものである。

(6) 水久保遺跡[6]（群馬県新田郡尾島町世良田）

大間々扇状地扇端部近くの低台地上に立地する。東側を石田川、西側を早川の旧河道が浸食する。幅4mほどの濠が一辺65～70mの範囲を区画すると考えられ、西辺中央に幅8m、長さ2mほどの張り出し部が存在する。土塁・柵列などは検出されていない。内部には、竪穴住居址100軒以上と掘立柱建物3軒が認められるが、時期的な関係は不明である。濠の年代は5世紀後半代。

(7) 原之城遺跡[7]（群馬県伊勢崎市三和町龍玄）

赤城山南麓端部の東西両側が開析された洪積低台地を利用し、東西約105m、南北約165mの長

39

方形の範囲を幅20m，深さ1.5mほどの濠で囲っている。内側に土塁が認められ，北西部外側にも土塁の跡が見られた。北辺中央部及び西辺北寄りに張り出し部を有し，南辺中央部は掘り残して渡りとしている。

内部のやや奥まった中央には主軸を異にして切り合った大型掘立柱建物址が認められる。濠を巡らす以前と後の2時期にわたる中枢建物の存在が注目される。新段階には，その背後に倉庫が1棟と東部に掘立柱建物2棟が建てられた。さらに，内側北西部を画すように幅2m，深さ1.5mほどの溝がクランク状に走る。溝で画された一角には倉庫と考えられる掘立柱建物址が7棟と竪穴住居址が3軒確認された。南部には竪穴住居址群が認められるが，民家があるため全容は知れない。

一方，東北隅から須恵器大型器台を中心に，土師器・手捏土器や石製模造品，鉄製模造品などの祭祀遺物が集中して出土した。また，東辺中央部には器台状の埴輪状土製品の集積と臼玉を入れた土師器坏などが発見された。その他出土遺物には，中溝からの須恵器子持器台，子持勾玉，漆塗り紡錘車などがある。時期は6世紀中頃〜後半代。

(8) **梅ノ木遺跡**[8] （群馬県前橋市西大室町）

赤城山南麓の低台地上に立地する。東方に接して桂川という中小河川が南流し，遺跡はそれによって大半を削られている。幅約5m，深さ約1.5mの濠が方形に巡ると推定され，南辺は65mを測る。濠の内側3mほどの所に柵列が存在し，濠覆土の堆積状態から土塁が濠の内外に積まれていた可能性がある。なお，濠に切られて前代の和泉期後半の竪穴住居址が数棟確認されている。出土遺物には土師器の他，初期須恵器が認められる。5世紀第IV四半世紀に位置付けられる。

(9) **荒子遺跡**[9] （群馬県前橋市荒子町）

赤城山南麓の低台地上に立地する。東方の洪積台地との間に小河川が流れる。西側には旧河道が存在し，遺跡の北西部を浸食している。南西コーナーが残存していないが，南辺に存在する張り出し部をその中央にくるように復元すると，東西57m，南北39mほどの長方形になる。現状で幅2.2m，深さ0.5mほどの濠が巡り，その内側約2mのところを柵列が走るが，柵列は濠とは相似形にはならず，東側一辺35mの範囲を正方形に区画する。柵列区画内には，東辺に沿って3軒，南西隅に1軒の長方形プランを呈する竪穴状遺構が認

められる。中には炉をもつものもあるが，無いものもあり，すべてを住居址と見ることは危険である。なお，その他の空間には遺構は検出されていない。また残りの柵列区画外においても同様である。遺物は土師器のみで，特段祭祀に結び付くものは確認されなかった。時期は5世紀第III四半世紀を中心とする。

(10) **丸山遺跡**[10] （群馬県前橋市荒口町）

赤城山南麓の荒砥川左岸の独立丘陵頂部に位置する。東西32m，南北25mの長方形を呈する屋敷地を幅2m，深さ1.2mほどの断面逆台形の濠が囲う。その内側には柵列が巡る。内部には竪穴住居址が今までに8軒ほど確認されている。建物はおよそシンメトリックに計画的に配置されている。一部炉址を欠くものなどは住居址ではなく，納屋などの他の建物址と推定される。掘立柱建物址は含まれない。出土遺物は土師器の日常什器がほとんどである。5世紀第III四半世紀のもの。

(11) **三ツ寺I遺跡**[11] （群馬県群馬郡群馬町三ツ寺）

榛名山東南麓扇状地扇端部，洪積低台地縁辺部で猿府川の旧河道に面して立地する。遺跡は一辺約86mの方形を基調とし，周囲を幅30〜40m，深さ4m前後の濠が巡っている。内縁には河原石積みの石垣が見られる。西辺に2か所，南辺に1か所の張り出し部が確認されている。北西の張り出し部には橋の架かっていたことが濠底の橋脚からうかがわれる。内部には1mほどの盛り土造成を行なう。濠に沿った内側に2〜3列の柵列があり，さらに内部を南北に二分する東西に走る柵列が認められる。南の区画西寄りには13.6×1.7mの掘立柱建物址がある。西面庇をもつ主殿的な建物址である。その前面に広場，南に上屋をもつ井戸が存在する。他に，4棟の掘立柱建物址が検出されている。中央柵列と平行する導水施設の溝に伴って礫敷きの祭祀遺構が2つあり，土器と石製模造品が出土した。また，その溝中より子持勾玉が発見された。一方，北の区画には張り出し部を含めて竪穴遺構が3基確認されているが，1つは銅・鉄に関連する工房址の可能性もある。

居館は5世紀第III四半世紀から6世紀第I四半世紀にかけて大きく3期にわたって変遷しており，付近の保渡田三古墳と対応関係にある。なお，居館廃絶後8，9世紀頃まで外部からの祭祀が継続されているらしい。

出土遺物には初期須恵器などの土器類の他，鏡

・剣形・勾玉形・鎌形・斧形・盾形・臼玉などの石製模造品，刀形・弓などの木製品がある。また，鹿・猪などの獣骨，桃殻などの出土も祭祀的な絡みで注目される。

⑿ 有馬条里遺跡[12]（群馬県渋川市有馬）

榛名山東麓で利根川右岸台地上に立地する。上幅2m前後，深さ50cmほどの濠が方形に巡ると推定される。一辺は20m以上を測る。濠中より古墳時代前期の土器が出土している。付近に同時期の竪穴住居址が存在する。

⒀ 本宿・郷土遺跡[13]（群馬県富岡市一之宮）

鏑川と丹生川の合流点の河岸段丘上に立地する。道路幅のみの部分調査で全貌は知られないものの，方形を呈すると考えられる。規模は東西が96mと判明しているが，南北は不明である。外側を幅4〜5m，深さ約1.5mの断面逆台形の濠が巡る。内縁には河原石積みの石垣があり，内側に土塁を伴っていたらしい。東・西両辺に濠の切れる部分があり，渡りとなっている。内部の調査範囲内には竪穴住居址が5軒ほど確認されているが，その他の遺構は検出されていない。東辺渡りの両側の濠中からは土師器の日常什器の他，石製模造品の有孔円板などが出土している。また，外側にも同時期ないしはそれ以降の竪穴住居址が分布する。時期は6世紀第Ⅱ四半期〜第Ⅲ四半期。

2 若干の考察

1.立地として，河川の合流点や流域に存在するものが多く，その防御性と交通上の利便性を最大限に利用している。

2.群馬県地域においても前期の例が確認され，前期古墳のあるところ，当然のことながらそれに対応する居館の存在することが明らかになった。

3.石垣の有無は，その居館築造に当たる技術者の系譜の差と推定される。三ッ寺Ⅰ遺跡・郷土遺跡という大型居館に石垣が見られ，その他の小型居館には認められないので，それは権威を表わすものとも考えられるが，最大級の原之城遺跡には存在しない。また，土留め説に対しても，原之城遺跡には土塁があるのにもかかわらず石垣が伴わないというのは，それが必須な機能を果たしていたということではなかろう。墓制の「前方後円墳体制」の一要素である葺石と同様な意味をもっていたのであろうか。

4.下犬塚遺跡の断面V字形の濠や，四斗蒔遺跡の外側土塁のように，前代の弥生時代の遺制のようなものも見られる。

5.外郭施設の規模は総じて居館の占有面積の規模に比例している。

6.濠の他に柵ないしは土塁などの外郭施設を伴うものが多く，防御的性格が強い。

7.祭祀遺構は大型居館ほど充実しており，祭具の出土頻度も高い。マツリゴトが下位よりも上位，地方よりも中央にいくにしたがって，より整備されていく姿が看取される。首長による祭祀権の掌握のレベルがうかがわれる。

8.三ッ寺Ⅰ遺跡のように，居館廃絶後も祭祀の根強く続けられた例があり，それは居館の機能時にいかに祭祀的なウエイトが高かったかを示すものといえよう。また，開発拠点となった居館に対する祭祀は開発にあたった祖先に対する祖先祭祀という性格をおびたものと考えられる。

9.この北関東においても居館内の中枢建物の竪穴住居と掘立柱建物との違いを時期差・地域差とみるよりは，それを前期の段階からすでに階層差としてとらえたい。

　註

1) 日賀野宏ほか「登内遺跡」『栃木県埋蔵文化財保護行政年報昭和62年度』栃木県教育委員会，1988

2) 橋本澄朗「栃木県の所謂『豪族居館跡』について」『関東の古代豪族居館跡』1989ほか

3) 福田定信「下犬塚遺跡」『栃木県埋蔵文化財保護行政年報昭和60年度』栃木県教育委員会，1986

4) 中山　晋「栃木県における豪族の居館跡」考古学ジャーナル，289，1988

5) 宮塚義人「成塚遺跡」『弥生時代の環濠をめぐる諸問題』1988

6) 須長光一「尾島工業団地遺跡　E地区（水久保遺跡）」『弥生時代の環濠をめぐる諸問題』1988

7) 中澤貞治『原之城遺跡発掘調査報告書』伊勢崎市教育委員会，1988

8) 千田幸生ほか『梅木遺跡』前橋市埋蔵文化財発掘調査団，1986

9) 鹿田雄三ほか「荒子遺跡の方形区画遺構」『研究紀要1』群馬県埋蔵文化財調査事業団，1984

10) 西田健彦『丸山・北原』群馬県教育委員会，1987

11) 井上唯雄ほか『三ッ寺Ⅰ遺跡』群馬県教育委員会，1988

12) 坂口　一『有馬条里遺跡Ⅰ』群馬県埋蔵文化財調査事業団，1989

13) 井上　太ほか『本宿・郷土遺跡』富岡市文化財保護協会，1981

その他，井上唯雄・下城　正「群馬における豪族の居館跡」考古学ジャーナル，289，1988を参考にした。

特集 ● 古代の豪族居館

埴輪と豪族居館

家形埴輪からどんな建物が，人物埴輪からどんな人々が想定されるだろうか。そして居館の出現とどうかかわってくるだろうか

家形埴輪と豪族居館建物／
人物埴輪と豪族居館の人々

家形埴輪と豪族居館建物 ■ 小笠原好彦
滋賀大学教授
（おがさわら・よしひこ）

家形埴輪は前半部に政治にかかわる建物，後半部は倉庫を主体とし豪族居館の建物構成を象徴的に表現している

　古墳時代の豪族居館に建てられた建物の構造や外観を知るよりどころとなるものに，家形埴輪がある。家形埴輪は前期に出現後，中期に発展し，後期まで継続して各地の古墳に配置されている。この家形埴輪の表現には，壁面などに建物とは直接関連をもたない文様が施文されるなど，細部では当時の建物をそのまま写したとはみなしにくい部分も少なからず含んでいる。しかし，当時の多様な形態の住居，倉庫などの建物が表現されており，これによって豪族居館の建物構成，中心建物と付属建物との関係，建物配置など，豪族居館の建物を復原するにあたって多くの知見を得ることができる。ここでは，主として，家形埴輪と豪族居館の建物構成，建物配置に関係する問題とこれに関連する囲形埴輪と外郭施設の問題をとりあげて検討することにしたい。

1　家形埴輪にみる建物構成

　家形埴輪には住居と倉庫を表現したものがある。住居の家形埴輪は入口と窓を表現した建物で，屋根の形態には入母屋造り，四注造り，切妻造りの三種類がある。群馬県赤堀茶臼山古墳から出土した住居の家形埴輪では，切妻造りで屋根に堅魚木(かつおぎ)をあげた大型のものと堅魚木を省略したそれより少し小型のものが2棟ある。群馬県白石稲荷山古墳の家形埴輪でも切妻造りで大型のものが2棟と小型のものが2棟出土している。このように，住居の家形埴輪は規模と堅魚木などの付属装置の有無によって，中心建物の性格をもつ主屋(もや)，後屋(うしろや)とその付属建物である脇屋(わきや)を表現したものとに区別される[1]。

　主屋と後屋の違いは，一般に主屋が大きい。鳥取県長瀬高浜遺跡のものは両者とも入母屋造りながら，主屋に大きな屋根飾り，後屋に堅魚木をのせて区別していた。京都府庵寺山古墳では主屋が四注造り，後屋が入母屋造りと屋根形態を異にし，規模も，主屋は大型，後屋はそれよりも小型に表現されている[2]。後屋の形態は主屋と同様に入口と窓を表わしたものと，白石稲荷山古墳，長瀬高浜遺跡などのように，四面に窓や入口を設けて吹放しにしたものも少なくない。主屋や後屋の屋根飾りは，長瀬高浜遺跡にみる蓋(きぬがさ)の立飾り型と京都府丸塚古墳，奈良県寺口和田1号墳などにみる鰭(ひれ)型のものとがある。大阪府美園遺跡から出土した二階建て吹放しの家形埴輪も屋根の大棟上に鰭型の飾りがついており，主屋，後屋のいずれかの性格をもったものとみなされる。

　住居を表現した家形埴輪のうち，主屋，後屋以

外のほとんどのものは脇屋とみなされる付属建物である。赤堀茶臼山古墳，白石稲荷山古墳では小型の切妻造り，長瀬高浜遺跡では四注造りの脇屋がみられる。堅魚木は長瀬高浜遺跡では脇屋にもつけているが，後屋よりも本数を減らし，格差を示している。

このように，堅魚木などの付属装置の有無と本数の多寡は固定したものではなく，相対的な関係で表現されている。

以上のような家形埴輪の住居にみる特徴は，豪族居館に構築された住居でも同様な関係をもって表現されたであろう。とくに，中心建物が複数棟で構成された場合は，規模の大小の違いのほかに，屋根型の区別，付属装置の差異などによって建物の性格や格差が明瞭に示されたものと推測される。

つぎに，家形埴輪の倉庫には切妻造りと四注造りの二種類がある。その大部分は高床倉庫として表現されているが，白石稲荷山古墳では平屋の切妻造り倉庫，奈良県能登遺跡からは平屋の四注造り倉庫とみられるものが出土しているので，高床と平屋の二種類があったことになる。さらに，切妻造り高床倉庫の形態には赤堀茶臼山古墳のように，高床部の上に収納部と屋根が表現されたものと，鳥取県長瀬高浜遺跡のように，屋根裏の部分に入口が表現され，そこに収納される構造となっていたとみられるものとがある。前者の形態はほかに大阪府長原一ヶ塚古墳，大阪府玉手山古墳群第11地区。後者は奈良県宮山古墳などで出土したものに散見する。

この二つの高床倉庫の表現は，弥生時代に描かれた高床倉庫の絵画にも同様にみることができる[3]。すなわち，赤堀茶臼山古墳と同一形態の絵は奈良県書古・鍵遺跡から出土した土器に描かれた棟持柱をもつ高床倉庫，伝香川県の銅鐸に描かれた高床倉庫に，長瀬高浜遺跡と同じ形態は奈良県唐古遺跡から出土している多数の高床倉庫の絵画のうち，倉庫の妻側にかけた梯子を二人の人間がよじのぼる状況を描いたもの，大阪府瓜生堂遺跡，大塚遺跡などから出土した倉庫の絵画にみられる。したがって，古墳時代にはこの二つの系譜を引くものがあり，豪族居館に構築され高床倉庫にも両者の構造のものがあったことが想定されることになるであろう。

一方の四注造り倉庫は高床の形態が群馬県赤堀茶臼山古墳，白石稲荷山古墳，三重県石山古墳，大阪府長原一ヶ塚古墳などから出土している。また，平屋のものは前述した奈良県能登遺跡のほかに，京都府庵寺山古墳の四注造りのものも倉庫の可能性が高い。倉庫の入口は一般に切妻造りは妻側に，四注造りは平側に設けて表現されている。

倉庫の二つの屋根型の差異には用途の違いがあったであろう。切妻造りの高床倉庫は前述したように弥生時代以来の系譜を引くもので，主として穀物倉として使用されたものとみてよい。それに対し，四注造りの倉庫は古墳時代から顕著にみられるので，新たに加わったもので，器財や武器を主として収納したものであろう。

このような家形埴輪に表現された屋根形態の違いは，豪族居館に建てられた倉庫でも，ほぼ共通したものとみられる。ただし，5世紀以降の居館および集落の倉庫には床束がともなっているが，家形埴輪では省略されている。

家形埴輪には，ほかに群馬県赤堀茶臼山古墳，鳥取県長瀬高浜遺跡，岡山県月の輪古墳などから出土している住居とも倉庫とも判別しにくい小型建物がある。これはかつて後藤守一氏によって納屋に想定されたが，長瀬高浜遺跡では全面に呪術的とみてよい文様がつけられているので，配置された位置も考慮してほかに霊屋を想定したことがある[4]。おそらく，住居，倉庫以外の重要な建物とみてよいであろう。

ところで，豪族居館には掘立柱建物のほかに竪穴住居のみ，あるいは竪穴住居を主体としたものも知られる。しかし，竪穴住居を表現した家形埴輪は，宮崎県西都原古墳から出土しただけで，竪穴住居を採用したものが少なくない関東でも，全くみられないことは，家形埴輪がもつ性格として留意される点である。ほかに，佐賀県吉野ヶ里遺跡の弥生時代の環濠集落では望楼が検出されており[5]，豪族居館にもともなった可能性が高いが，家形埴輪ではそれと確認できるものはまだ知られていない。

2　家形埴輪からみた豪族居館の建物配置

群馬県赤堀茶臼山古墳の家形埴輪は，主屋，脇屋に粘土帯，ほかの倉庫などに沈線文をつけ，これら二群の製作技法からなる家形埴輪が前後に区分して置かれていた。白石稲荷山古墳の場合も，粘土帯をつけた主屋，脇屋，倉庫と沈線文をつけ

43

た後屋，脇屋，倉庫があり，左右に区別して配置されていた。

このように，家形埴輪の発展期にあたる5世紀には，各種の家形埴輪がセットをなし，左右対称に置かれている。これと同様のものは，京都府ニゴレ古墳，岡山県月の輪古墳，鳥取県長瀬高浜遺跡などで出土している。また1989年に調査された京都府庵寺山古墳のものも，四注造りの主屋，入母屋造りの後屋，切妻造り建物，平屋の四注造倉庫，高床式の建物（倉庫？）からなり，なお半数が明らかでないが，その可能性が高い。

ところで，古墳に配置された家形埴輪の性格は後藤守一氏によって，赤堀茶臼山古墳の家形埴輪をもとに豪族の屋敷とみる見解がだされてきた。ほかに，家形埴輪の性格は埋葬儀礼との関連を説く須屋(すや)説，殯宮(もがりのみや)説，首長の即位との関連を重視する大嘗宮(だいじょうきゅう)説などの諸説がだされている。しかし，家形埴輪が前述したような建物で構成されていたとすると，後藤氏による豪族の屋敷とみるのが現在でも最も妥当な考えとみなされる。ただし，家形埴輪に表現された配置が各古墳に埋葬された豪族の居館の建物配置を反映しているかは，なお検討すべき点が少なくない。たとえば，豪族居館の中心部の建物配置がかなり明らかになった群馬県三ツ寺(みつでら)I遺跡では，主屋1棟と長い付属建物が検出されており，なお東に未調査地があるが，左右対称の配置をとった可能性は乏しい。豪族居館として最大の規模をもつ群馬県原之城(げんのじょう)遺跡の場合も，中心部付近の調査結果をみると，整然とした左右対称配置がとられていたとはみなしにくいようである。

しかし，左右対称の配置をとるものも，5世紀後半の静岡県古新田(こしんでん)遺跡で見つかっている。この古新田遺跡の建物群では，豪族居館に一般にみる堀，柵などの外郭施設が見つかっていないが，東側には住居と倉庫が左右対称に配置され，西側にも大型住居がコ字型をとり，左右対称の配置がみられる。この二つの対称配置の建物群が，それぞれどのような性格をもつかは明らか

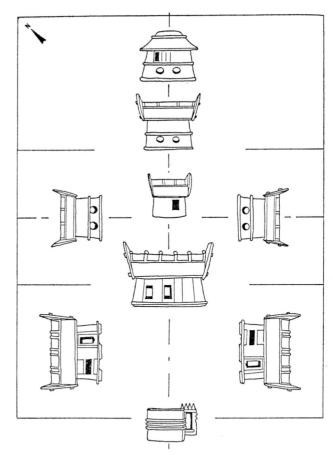

図1　群馬県赤堀茶臼山古墳の家形埴輪配置（小笠原案）

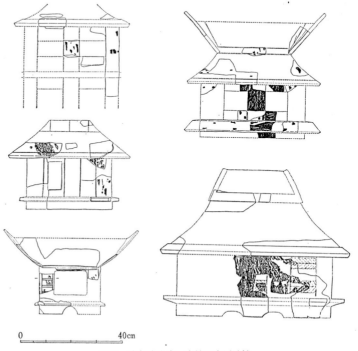

図2　京都府庵寺山古墳の家形埴輪

でないが　家形埴輪の配置と同一原理が採用されている点で注目される。しかも，現在のところ，左右対称の配置はほかの豪族居館ではみられないことからすると，ごく限られたものであったことも想定できることである。

家形埴輪の配置は前半部に主屋，後屋，脇屋による政治的空間，後半は倉庫を主体とした経済にかかわる空間が構成されている。この点も豪族居館では政治，祭祀空間と経済空間とが分離された場合が少なくないとみれそうなので，家形埴輪の配置はきわめて象徴的側面が強いことになるであろう。

3　外郭施設と囲形埴輪

群馬県赤堀茶臼山古墳では家形埴輪とともに囲形埴輪が出土した。この埴輪は一辺33cm，他方が36.5cmほどのL字形をなし，一端に入口をつけたものである。囲形埴輪は奈良県猫塚古墳，大阪府野中古墳，鞍塚西方，長原一ヶ塚古墳[6]，岡山県金蔵山古墳，月の輪古墳，愛知県経ヶ峰1号墳など，各地の古墳から出土している。これを囲形埴輪と呼んだ後藤守一氏は帷帳や壁代を想定したが，その後，家畜小屋とする考えがだされたほかに，北野耕平氏による防柵の埴輪とする考え[7]，柵と門を表現したとする私見が追加された。このような経緯があるが，囲形埴輪は赤堀茶臼山古墳では粘土帯を貼付して表現されているので，前半に置いた家形埴輪群と関連をもっており，柵・塀と出入口の門をあわせて表現したものとみなされる。

囲形埴輪の形態は，一つには赤堀茶臼山古墳のように「字形で，向って右の端に門をつけ，その上端にのみ鋸歯状突起をつけたものがある。類似のものは大阪府長原一ヶ塚古墳でも」字形で左端に門を表現したものが出土している。

一方，金蔵山古墳，野中古墳，鞍塚西方のものは，矩形をなし，上端の鋸歯状突起が全体にめぐり，柵の一辺に門がつけられていたと復原されている。

このように，囲形埴輪にはL字形と矩形の二形態があり，前者のL字形のものは対称形のものがあるので，それぞれ別に対称形のものがともない，2個で凹字形の平面形をなして置かれたものと推測される。

以上のような囲形埴輪の表現を参考にすると，

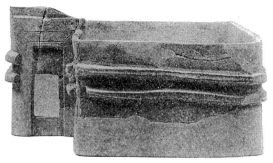

図3　囲形埴輪
（上：群馬県赤堀茶臼山古墳出土，東京国立博物館蔵，
下：大阪府長原一ヶ塚古墳出土，大阪市文化財協会提供）

豪族居館の外郭には矩形に柵がめぐらされ，その一部に門が設置されていたことになる。この門は柵・塀にそのまま設置したものと，一部を内側に屈曲させて設けたものがあったことが想定される。また，この柵・塀の上端は防禦性を強めるために逆茂木状にしつらえられていたであろう。

註
1) 小笠原好彦「家形埴輪の配置と古墳時代豪族の居館」考古学研究，31—4，1985
2) 杉本　宏「庵寺山古墳平成元年度発掘調査概要」『宇治市埋蔵文化財発掘調査概報』15，1990
3) 宮本長二郎「住居と倉庫」『弥生文化の研究』7，1986
4) 註1)に同じ。
5) 佐賀県教育委員会『環濠集落　吉野ヶ里遺跡概報』1990
6) ㈶大阪市文化財協会『よみがえる古代船と5世紀の大阪』特別展図録，1989
7) 北野耕平「稲城考」『日本史論集』1975

人物埴輪と豪族居館の人々

群馬県埋蔵文化財調査事業団
■ **右島和夫**
（みぎしま・かずお）

―保渡田古墳群と三ツ寺Ⅰ遺跡をめぐって―

古墳時代後期になって出現する人物埴輪は，その構成内容から
みて当時の首長権の特質と密接に結びついたものと考えられる

　人物埴輪は形象埴輪全体の中では，古墳時代後期になって新たに加わる種類である。これらがどのような目的と意図をもって登場したかは，その初現期に属するものの様相を検討することにより知ることができる。

　古墳時代の豪族居館研究の端緒を開いた群馬県群馬町の三ツ寺Ⅰ遺跡の北西に隣接して，これと相前後した時期に築造された３基の大型前方後円墳（井出二子山古墳，保渡田八幡塚古墳，保渡田薬師塚古墳）からなる保渡田古墳群が所在しており，両者の直接的な関係がよく指摘されている。二子山，八幡塚古墳では，戦前の発掘調査により，中堤上の一角に人物，動物埴輪が集中的に配置されている状況が確認された。現在までのところ，この２古墳の築造された５世紀後半の段階が，当地域で人物埴輪のもっとも古く逆上る事例と考えられている。

　ところで，豪族居館とされる遺跡は，三ツ寺Ⅰ遺跡以前の事例も近年多く認められるようになり，三ツ寺Ⅰ遺跡もその系譜上に連なるものであることが明らかになってきた。と同時に構造的にも一段と整備され，周辺集落との隔絶性がより強調されていることから，そこに明確な画期を想定することができる。

　保渡田古墳群では，形成の端緒をなす二子山古墳の前段階に位置づけられる顕著な首長墓を具体的に見いだすことができない。保渡田古墳群と三ツ寺Ⅰ遺跡に関わる勢力がこの時期に飛躍的な成長を遂げた新興の勢力であったことをうかがわせる。この時期の上野地域には，保渡田古墳群と同じような登場のしかたをしてくる勢力をいくつも指摘することができる。このことは，５世紀後半を中心とした時期に，時代の大きな画期点があったことを示していると言えよう。

　これらの動きと軌を一にして登場してくる人物埴輪の登場も同じ歴史的背景の中で理解できるものと推測される。

　そこで，本稿では，保渡田古墳群における人物埴輪の出現の様相を跡づけ，このことが三ツ寺Ⅰ遺跡の成立とどのように関係しているのかを，当時の上野地域の古墳の動向を踏まえながら検討してみたい。

1　人物・動物埴輪の出現

　現在までのところ，上野地域における人物・動物埴輪のうちで最も古く逆上る事例は，５世紀第３四半期から第４四半期にかけての築造の井出二子山古墳のものである。主軸をほぼ東西とし，後円部を東にする全長約110mの前方後円墳であり，凝灰岩製の舟形石棺を主体部としている。前方部北側の中堤上から，複数の人物埴輪と馬形埴輪の破片が出土しており，ここに集中的に配置されていたことがわかる[1]。

　二子山古墳の場合，後世の削平のため，埴輪列の遺存状態が極めて悪く，具体的な配置形態，組み合わせは明らかでない。その欠をこの古墳の北東に隣接する５世紀第４四半期の保渡田八幡塚古墳が補ってくれる[2]。八幡塚古墳は主軸を南北とし，後円部を北側にする全長約102mの規模であり，やはり舟形石棺を主体部とし，二重の盾形周堀を有している。中堤上の３ヵ所に，円筒埴輪列による長方形の区画（A・B・C区）が設けられ，そこに人物・動物埴輪が集中的に配されていた（図１参照）。これらのうち，最も遺存状態のよかったA区（35×15尺の平面規模）について見てみよう。区画内の原位置で確認されたものは，人物埴輪33，馬形埴輪８，水鳥形埴輪６，鶏形埴輪２の計49個体である。これに抜き取り痕の確認された５個体分を合わせると，少なくとも54個体の人物・動物埴輪が樹立されていたことになる。人物埴輪の内わけは，首長を表わすと思われる椅座男子像２，武人立像６，武人上半身像２，椅座女子像２の12個体であり，残りの21個体は人物像であることはわかるが，種類は特定できない。しか

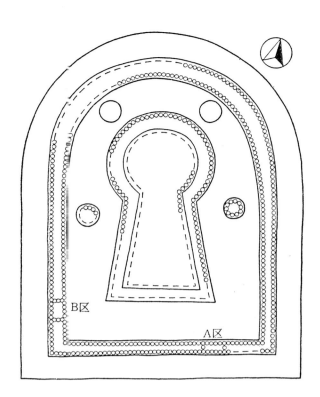

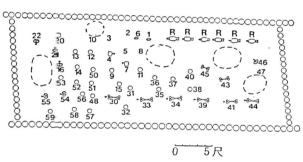

図1　保渡田八幡塚古墳埴輪列概念図(上)およびA区形象埴輪出土位置図(下)
　1・6鶏, 2・8〜14・20・31・32・35〜38・40・50〜53・57〜59不明, 3女子(?), 4倚座の女子, 5男子(倚座か), 7倚座の男子, 15基台上の壺, 16・21・22・46・54・55武人立像, 17〜19・23〜29・42・49欠番, 30・33・34大型飾馬, 39・41・43〜45小型野馬, 47小型猪, 48・56武人半身像, R水鳥

し, 人物埴輪から剝落したものと考えられる鷹, 猪から鷹飼いや猪飼いが, また馬の傍らに樹立されて人物埴輪の基部から馬飼いの存在が推測され, 多種多様の人物埴輪群であったことがわかる。

　初現期の人物・動物埴輪の樹立形態には, いくつかの注目すべき特徴が見い出せる。まず, 墳丘外に特定の区画を設けて, そこに集中的に樹立している点である。人物, 動物埴輪のための特別の空間を設けるという意味では, 前方部(造り出し部)に集中的に樹立している5世紀後半の若宮八幡北古墳や6世紀前半の塚廻り4号古墳に代表される帆立貝式古墳にも通ずるところである。さらには, これらの人物・動物埴輪が, それぞれに向かい合ったり, 並んだり, 列をつくったりして意味ある方向にむいて樹立されている点が注意される。このことは, ある特定の場面を立体的あるいは視覚的に構成しようとしていることを如実に示すものであり, 水野正好は, これらの配置が首長権の継承儀礼の場面を表わしたものであるとの興味深い見解を提起している[3]。その是非については, 賛否両論が見られるが, 埴輪の構成内容からして, 少なくとも首長権と密接に結びついたものであることだけは明らかであろう。

　ところで, 昭和63年に井出二子山古墳の北西側の隣接地で発掘調査が実施され, 大量の人物, 動物を中心とする形象埴輪が発見された(保渡田VII遺跡突出遺構と呼称, 口絵参照)[4]。これらは, 上辺11m, 下辺24m, 高さ12mほどの平面規模で, 2ヵ所に突出部をもつ台形状の区画に集中的に配置されていたものと推定されている。人物埴輪37個体, 動物埴輪9個体, 器材埴輪10個体が数えられており, 調査を担当した若狭徹は, 区画の中心部を首長を表わす2個体の椅座男子像を中心に女性, 職能集団, 武人, 飾馬などが占め, その周囲に盾持ち人, 武人, 盾などの護持的な一群が配される構成を想定し, 二子山古墳に直接伴う埴輪儀礼のための施設と理解している。埴輪の形態, 製作手法の特徴からも両者が一体のものとして矛盾はない。この遺構の性格については, 二子山古墳の別の場所に樹立されていたものが, 二義的にここへ持ち込まれたという解釈の余地も残している。というのは, 当地域では, 埴輪の消滅する最終段階まで, 人物・動物埴輪と家, 器材埴輪との樹立場所が厳格に区別され, 後者は人物埴輪出現以前の伝統を踏襲して, 一貫して主体部を取り巻くように墳頂部に置かれているからである[5]。このことはさておいて, 人物・動物埴輪の種類は基本的に八幡塚古墳に共通していることから, そこで推測されたのと同様の樹立意図が想定できよう。

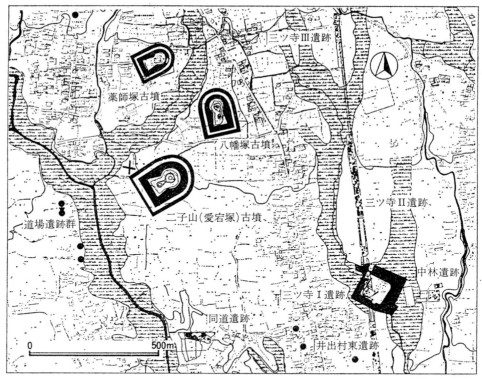

図2 保渡田古墳群とその周辺（×印は突出遺構）

2 保渡田古墳群と三ツ寺Ⅰ遺跡

　榛名山の東南麓を北から南に流れる中規模河川である井野川の東岸に位置する保渡田古墳群は，5世紀後半から末葉にかけての全長約100mの3基の大型前方後円墳を中心とするものである[6]。これらは目と鼻の先ほどの位置に鼎立するように占地しており，墳丘の主軸を二子山，薬師塚古墳が東西にとり，八幡塚古墳がこれと直交する南北にとっていることから，3古墳の間に事前の計画的な配置意図が存在していたことを窺わせる。最近行なわれた周辺地域の調査により，3古墳の間を埋めるようにこれとほぼ同時期の小型円墳が発見され，付近一帯が墓域として機能していたことが明らかになった。

　3基の前方後円墳は，出土する円筒埴輪の特徴から二子山→八幡塚→薬師塚の順に築造されたことがわかり，墳丘構造，埋葬形式（舟形石棺）を共通にしていることから3古墳の時期的接近をうかがわせる。5世紀後半から末葉にかけての間に継起的に築造された累代の墓として間違いないところである。

　保渡田古墳群は，井出二子山古墳の築造を契機にして新たに設定された墓域であったことがわかり，また，周辺地域にその直接的な系譜に連なる顕著な前代の古墳が認められないことから，この時期に地域的な統合を遂げて急速に成長した勢力であったことが推測される。

　三ツ寺Ⅰ遺跡の詳細については，本誌40頁にゆずるとして，ここでは保渡田古墳群との関係を中心に見てみよう。古墳群の南東約1kmに位置する本遺跡は，5世紀後半を通じての幾度かの改築を経て整備が進められ，6世紀初頭に推定されている榛名山の大噴火（FA）以前にその本来的な機能を停止していることが明らかにされている。遺跡の構造の中で最も特徴的なものは，館の機能の中核の一つとして，首長によって執り行なわれたであろう「水」あるいは「水利」にかかわる祭祀の空間が位置づけられていたことであった。

　三ツ寺Ⅰ遺跡の調査と前後して実施された隣接する三ツ寺Ⅱ遺跡，井出村東遺跡，中林遺跡の調査で大規模な一般の集落跡が確認されており，居館跡周辺一帯を厚く集落跡が取り囲んでいることが推測された。それぞれの集落跡について検討してみると，集落形成の開始の時期が居館の成立時期と一致していることが確認されており[7]，両者の

成立もまた，古墳群と同様に5世紀後半の段階に新たにしかも充実した内容を伴うものであった。

このように，大規模な墓域，生活域が一帯となって突如として成立した背景には，これを支える強固な経済的基盤が必要欠くべからざるものであったことは言うまでもない。能登健は，三ツ寺I遺跡の周辺地域について，詳細な考古学的検討を行ない，5世紀後半を中心とした時期のこの地域一帯で，河川改修を伴うような大規模な農耕開発が行なわれたことを検証している[8]。

3 5世紀後半以降の上野地域

上野地域に人物埴輪が登場してくる5世紀後半の段階は，それ以前の段階から地域構造を大きく変えるような画期点にあたっていた。古墳時代の開始から5世紀中葉にかけての時期の当地域は，前橋市，高崎市と太田市を結ぶような低地部にあたる中・東毛地域の主導のもとに展開していったことが，三要古墳の分布状態からわかる。ところが，5世紀後半から6世紀にかけては，その中心が中・西毛地域へと移り，そのまま7世紀には律令制の上野国成立の基礎をなした前橋市の総社古墳群へとつながっていった[9]。

東日本最大の太田天神山古墳（全長210m）が築造された5世紀中葉の上野地域を見渡すと，これをかなり下回る規模の伊勢崎市御富士山古墳（全長125m），藤岡市白石稲荷山古墳（全長140m以上）など，わずかな大型古墳が認められる程度で，天神山古墳に関わる勢力の圧倒的な優位の下にあったことがわかる。

これに続く5世紀後半の段階の主要大型前方後円墳を見てみると，東毛地域では鶴山古墳，米沢二ッ山古墳が上げられ，中毛地域では丸塚山古墳，今井神社古墳，不動山古墳，岩鼻二子山古墳などが上げられ，西毛地域では，小鶴巻古墳，上並榎稲荷山古墳，平塚古墳，保渡田古墳群（二子山，八幡塚，薬師塚），七輿山古墳などが上げられる。さらに，6世紀初頭ないし前半に築造された横穴式石室を主体部とする大型前方後円墳としては中毛の前二子古墳，正円寺古墳，西毛の王山古墳，簗瀬二子塚古墳が上げられる。

古墳のありかたから，前述した中・西毛地域の優勢化が手に取るようにわかる。このことに加えて，次のような諸事実が注意される。まず，数多く築造された古墳の中から，前代の太田天神山古墳のような他を圧倒的に卓越するような勢力の存在が認められないことである。むしろ，勢力は拮抗した状態にあったと言い得る。これらの古墳は，相互に適当な距離をおいて平地部全体にくまなく分布しており，多くの場合は，それ以前に顕著な大型古墳の分布の認められなかった地域である。古墳の分布する各小地域を単位として新たに地域的統合を遂げた勢力であったことが推測される。また，保渡田古墳群に典型的に見られるように，一定の墓域内に直接的な系譜に連なる首長墓が築造されて古墳群を形成するようになる点も注目される。このことは首長権の世襲化が芽生えてきたことを物語るものであろう。各小地域を単位とする拮抗した勢力の割拠が安定的な均衡をもたらしたことも大いに関係していると言えよう。

当地域にこのような変化をもたらした背景には，新たな農耕開発技術の導入に基づく農耕地の飛躍的な拡大が存在していた。このことは，中小首長層の成長を促し，各地に新たな地域的統合をもたらしたものと思われる。このような状況が中・西毛地域にいち早く見られるのは，この地域が大規模灌漑などにより新たな農耕地が得られる適地により恵まれていたためと思われる。

5世紀後半における人物・動物埴輪の出現は，これまで見てきたような当時の首長層の質的変化に呼応するものであった。これらの埴輪群は，新たに大規模な農耕開発を主導し，安定した経済的基盤と軍事的基盤にささえられた当時の首長層の姿をよく反映していると言えよう。

註
1) 後藤守一「上野国愛宕塚」考古学雑誌，39—1，1953
2) 福島武雄・相川龍雄「八幡塚古墳」『群馬県史蹟名勝天然記念物調査報告』第2，1932
3) 水野正好「埴輪芸能論」『古代の日本』2，1971
4) 若狭 徹『保渡田Ⅶ遺跡』群馬町教育委員会，1990
5) 拙稿「東国における埴輪樹立の展開とその消滅」古文化談叢，20集（下），1989
6) 拙稿「保渡田3古墳について」『三ツ寺I遺跡』群馬県埋蔵文化財調査事業団，1988
7) 坂口 一「5世紀代における集落の拡大現象」古代文化，42—2，1990
8) 能登 健「三ツ寺I遺跡の成立とその背景」古代文化，42—2，1990
9) 拙稿「古墳から見た5，6世紀の上野地域」古代文化，42—7，1990

特集●古代の豪族居館

豪族居館の諸相

豪族居館を構成する大型建物や祭祀遺構はどんな配置を呈しているだろうか。そしてそれらの様相は一体何を意味するだろうか

豪族居館と祭祀／豪族居館と建物構造／豪族居館と邸宅

豪族居館と祭祀

同志社大学講師
■ 辰巳和弘
（たつみ・かずひろ）

「ハレの空間」が存在する屋敷地こそ地域王権祭祀が執行された場所であり、「豪族居館」と認識すべきである

1 「豪族居館」とは

近年、「豪族居館」という用語で性格づけられる、濠や柵などの囲繞施設の内部に、大型の掘立柱建物や竪穴式建物などを配置した古墳時代屋敷地の調査例が各地であいついでいる。この種の遺構には、その屋敷地の面積にほぼ相関して、内部における遺構のあり方にもさまざまな個性がみられ、多少の時期差を考慮しても、それらの屋敷地を経営した有力首長相互間の階層差、換言すれば個々の有力首長が地域におよぼす政治的・社会的な力の差がそこに反映しているとみることができる。

古代史における「豪族」という用語は、政治的・経済的・社会的な権力と機構をもって、地域を支配する有力氏族を示しており、その首長の屋敷地（居館）の一画には、己が支配する地域に対して首長権を行使する場、すなわちマツリゴト（祭事・政事）を執行する場＝「ハレの空間」の存在が予察できる。はたして、豪族居館発掘の嚆矢となった三ツ寺Ⅰ遺跡（群馬県）では約7,500㎡にもおよぶ広大な屋敷地の南半分の地域が、祭祀施設を伴った「ハレの空間」であり、残る北半分が首長の日常生活の場＝「ケの空間」と認識された。筆者は「ハレの空間」が存在する屋敷地こそ「豪族居館」と認識すべきであると考える[1]。小稿は豪族居館遺跡の調査例から「ハレの空間」の有様と、そこで執行された地域王権祭祀の姿について整理・検討するものである。

2 「ハレの空間」の諸相

遺構のうえで「ハレの空間」を特徴づける第一は、濠や溝を巡らすだけでなく、その内側にさらに柵や板塀を立て巡らせて、外部からの祭儀空間に対する直視を拒み、内部を聖地化する意図があったとみられる点である（もとより柵木を巡らすだけでは、隙間をとおして内部を見ることは可能であり、あくまで観念的な施設である）。それは門の構造に象徴的に表われる。三ツ寺Ⅰ遺跡では門を入ったすぐ内側に、目隠し塀が立てられている。また長瀬高浜遺跡（鳥取県）や松野遺跡（兵庫県）では、左右の方向から入口に向って延びる柵の列がややその方向を異にしており、鍵の手に進まなければ内部に進入できない構造となっている。かような囲繞施設に護られた「ハレの空間」の面積は、最大の長瀬高浜遺跡で約3,400㎡にもおよび、約2,000～2,500㎡の三ツ寺Ⅰ遺跡がこれにつぐが、小迫辻原遺跡（大分県）・四斗蒔遺跡（栃木県）・大平遺

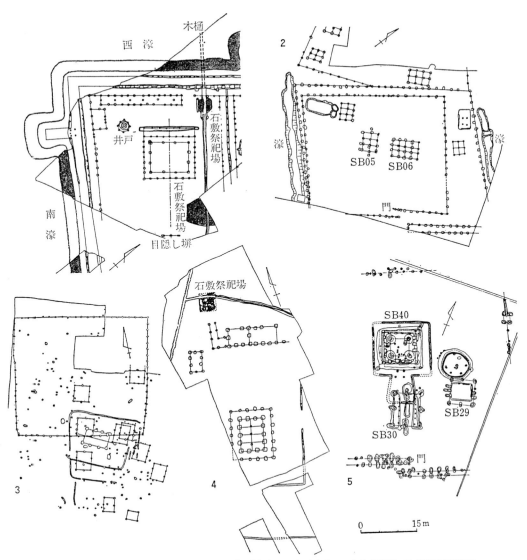

「ハレの空間」の諸相（1 三ツ寺I遺跡，2 松野遺跡，3 大平遺跡，4 上之宮遺跡，5 長瀬高浜遺跡）

跡（静岡県）や松野遺跡などの1,000m²台を測る例が多い。

　第二の特徴は，こうした広大な空間に，祭儀の中心となる大型建物が1棟と，なかにはそれに付属する1～数棟の建物が建てられ，その正面に広場が設けうれる点である。平面的には三ツ寺I遺跡例が最大規模であり，桁行14.1m・梁行12.1mを測る掘立柱平地式建物である。また長瀬高浜遺跡例では3回の建替のうち，最も新しいSB40は一辺12.6m四方の竪穴を床下にもつ四本柱の高床式建物で，その柱穴の掘方は径約2.5m・深さ約2.2～2.5mという巨大なもので，柱の直径は50cm以上と推定され，総高15mを超える大型建築とみられる。また松野遺跡では「ハレの空間」中央正面に棟持柱をもって妻側に昇段施設を付設した神社建築風の高床式建物があり，その東隣りには一方に露台を付設した高床式建物がある。それを復原した宮本長二郎は「祭式儀礼に際して主宰者の居所であり，直会殿ともなった」建物と性格づけている[2]。さらに堀越遺跡（栃木県）では濠と柵に囲繞された30×35mの範囲に1棟の竪穴式建物が存在するだけで，付属屋はみられない。従来この遺構群を一つの居館跡とみなしているが，濠からは赤彩された土師器も多く出土し，クラなどを始めとする居館を構成する施設がみられない点からみて，この遺構群がハレの空間に該当するとみたい。

　第三に祭祀に関連する遺構を伴う事例がある点

51

である。もとより中心となる祭祀場は上述した大型建物とその前面の広場であり，そこでの祭儀に伴う遺構である。三ツ寺Ⅰ遺跡では，大型建物の南西隅に近く，覆屋を設けた井戸がある。この井戸は，一般の生活用井戸と異なって排水施設がなく，また井戸を廃止する際に20点以上の滑石製模造品とともに埋めもどしており，ハレの空間にとって重要な意味をもつ井戸であったことが窺える。他方，大型建物を挟んで井戸と反対の位置には不整六角形平面を呈した2基の石敷遺構がある。この遺構は居館の外から木樋を利用して水を導いていたことが確実であり，いずれにも破砕された土器と子持勾玉をはじめとした滑石製模造品が出土し，祭祀行為に伴う遺構であることは間違いない。かような流水を導いた石敷祭祀遺構は上之宮遺跡（奈良県）でも検出されている。

古新田遺跡（静岡県）では，囲繞施設を伴わないものの，広場を中心にまとまった建物配置をとることから，ハレの空間の存在がほぼ認められるが，その建物群の背後に散在する土坑からは滑石製模造品や古式須恵器，高坏・甕・坩などの土師器が焼土や炭化物とともに出土しており，ハレの空間での祭祀に伴う廃棄土坑と推察される。

約17,000m²という最大の屋敷地をもつ原之城遺跡（群馬県）では，高床式倉庫群からなる収蔵空間が認められるのに対し，ハレの空間がやや不鮮明になりつつある。その主要建物群から大きく離れた屋敷地の東北隅に多数の手捏土器を配置し，滑石製模造品や鉄製曲刃鎌のミニチュアなどを伴出した祭祀遺構が検出されている。橋本博文[3]は農耕儀礼に伴う祭祀をそこに推断するが，筆者は屋敷地における当該遺構の位置や，屋敷内の中心建物群から大きく離れている点より，鬼門祭祀にかかわる遺構とみている。

こうしたハレの空間内の主要施設は，Ⓐ多少の改変が加えられるものの，数代の首長によって継続使用される場合（三ツ寺Ⅰ遺跡）と，Ⓑ同一空間内で中心の大型祭儀用建物を造替する場合（長瀬高浜遺跡・原之城遺跡），Ⓒハレの空間すべてを隣接した新しい敷地に建設する場合（大平遺跡・小迫辻原遺跡）に分類でき，各地の調査例ではⒷ・Ⓒの事例が多く，年代的にも遡るようである。ここにはすでに大王の宮殿にみる歴代遷宮制と，伊勢神宮をはじめ，住吉・香取・鹿島などの諸社にかつて行なわれていた式年遷宮制との関連を窺うこと

ができる。首長の代替りとともに新しい祭儀空間を造替することにより，タマフリの効果を期待したものといえる。かような理解に立てば，Ⓒが本来的なハレの空間の姿であったと考えられ，大嘗における宮殿造営との関連において注意される。

なお小笠原好彦[4]は赤堀茶臼山古墳などにおける家形埴輪の検討から，居館の一画に祖霊祭祀の場たる霊屋の存在を推察している。興味ある指摘であり，さらなる調査例の検討を待ちたい。

3 祭祀の姿

ハレの空間において首長が実修したであろう祭祀の実態については，祭祀行為にかかわると理解される考古資料の抽出やその認識法がいまだ確立せず，研究者の主観によるところが多い。しかし三ツ寺Ⅰ遺跡の調査は，地域王権の祭祀研究に多くの糸口を提供してくれた。

風土記には井泉とかかわる地名起源伝承が散見され，地域首長が井水に対する祭祀を行なう風習が各地に存在したことを示すとみられている[5]。三ツ寺Ⅰ遺跡の所在する群馬郡群馬町井出は『和名抄』にみる上野国群馬郡井出郷の遺称地で，集落内に鎮座する井堤神社には，景行天皇の東国巡行に際してこの地で狩を行なった折，清泉の湧出するのを見て社を建てさせたという伝承があるのも興味をひく。尽きることなく湧きあふれ出る井泉の水の生命力と永遠性は王権の繁栄に繋がる象徴とみられ，当該地域の物代と理解された。首長がその聖水を飲む行為はまさに食国儀礼にほかならず，地域に首長たることを宣言する重要な王権儀礼であった。上述した三ツ寺Ⅰ遺跡の祭祀用とみられる井戸の性格が明らかとなろう。人物埴輪において，男子首長像と対をなす高位の女性や巫女を形象した埴輪の多くが，両手を前に差し出し，坏や碗・甂・革袋などを捧げる姿態をとるのは，この聖水献上の祭儀の場を表わしているとみられる。『播磨国風土記』に明石駅家にある「駒手の御井」の聖水が，さらに仁徳記に淡路島の霊泉が「大御水」として，いずれも大王に献上される伝承がみえる。これは地域首長が首長権の象徴である各地の聖水を献上する形をとった服属伝承であり，井水の性格をよく語っている。

三ツ寺Ⅰ遺跡における2基の石敷祭祀遺構はいかなる性格の遺構であろう。この遺構と同様に流水を通した石敷遺構が上之宮遺跡でも検出され，

石敷遺構やそれを貫通する溝とその周辺から馬歯や馬骨が出土しており，馬頭や馬歯，また馬宍の供献を伴う祭祀行為が実修されたことを示している。井とみられる横穴式石室状の石組遺構から石組み溝によって石敷遺構に導かれた流水は，石敷遺構から下手は素掘り溝となり，流路も屈曲しつつ，やがて寺川へと落ちていたとみられる。こうした溝と石敷遺構の状況から，石敷遺構までの水が清浄な水と考えられ，石敷遺構から先はそうではない，いわゆる廃水（穢れた水）と認識されていたことを語る。すなわちこの石敷遺構では禊による修祓が実修されたと推定できる。三ツ寺I遺跡の石敷祭祀遺構にあっても同様の祭祀行為がなされたとみられ，その際に土器の破砕行為が伴ったものと考えられる。なお石敷祭祀遺構が2基あるのは，『皇大神宮年中行事』などを参考とすれば，中心建物での祭祀行為の前と後に，各々別の石敷祭祀遺構で禊祓を実修したものと理解される。

三ツ寺I遺跡の環濠からは祭祀行為と関連するとみられる幾つかの資料が出土している。

まず13点にのぼる丸木弓がある。そのうち6点は明らかに故意に折損させて濠に棄てたものである。一方，それに伴う矢（鉄鏃・木鏃）の出土がみられないことから，これらの弓は鳴弦（弦打）の行為に使用された後に，再使用を拒否する意から折られたものと推察される。鳴弦は邪霊を祓う祭儀で，すでに雄略紀にみえる。辟邪といえば200点を超えるモモの果核も注目される。神代紀に「桃を用て鬼を避く」説話があり，除魔祭儀とのかかわりが推察できる。また河川から濠へと水が流入する水口にあたる地点から馬歯や馬骨が出土しており，祈雨をはじめとする農耕儀礼に関する祭祀が想定できよう。また19点もの刀剣形木製品も祭祀にかかわる遺物とみられる。

他の居館では長瀬高浜遺跡で小銅鐸や数点の小銅鏡がある。銅鐸は長く垂下されていたことを語るように鈕内縁が著しく磨滅しており，弥生時代中期から古墳時代中期初頭まで連綿と祭祀に使用されてきたと考えられる。また古新田遺跡の一土坑からは2,000個もの滑石製臼玉と10個の滑石製勾玉が焼土や炭化物に混じって出土し，火を使用した祭祀が推察される。

しかし，こうした祭祀に伴うとみられる遺物は，祭祀のごく一端を垣間見させるにすぎず，ハレの空間の中心建物で実修された祭祀を体系的に復原するにはほど遠い状況である。いま別の観点から筆者の考えるハレの空間での祭祀の姿[1]を概述してまとめとしたい。

私は家屋文鏡にみる4棟の家屋図のうち，貴人の所在を語る蓋をさしかけた高床式建物がハレの空間に建つ中心建物と考える。この建物と同じ建築様式を表現した家形埴輪が美園古墳（大阪府）から出土している。この埴輪には高床部の四面外壁に辟邪の目的をもって盾の線刻画を描き，赤彩された屋内には一方の壁に寄って牀状施設が造り付けられる。家屋文鏡のさきの建物には，神とみられる小像が雷電とともにまさに降臨せんとしており，家形埴輪に表現された牀は神の降臨する神牀（崇神記・安康記）と考えられる。

記・紀は大王が数々の王権祭儀を実修する建物をタカドノ（高台・高楼）と記述する。まさに高床式の祭儀用建物である。ここで行なわれる祭祀を伴う儀礼には，①春先の国見，②秋の夜に行なわれる鹿鳴聴聞，③ウケヒ寝による神託授受，④夢占，⑤新嘗，⑥首長権継承，などがある。これらのうち①・②・⑤・⑥は予祝や豊穣のためのタマフリ的性格をもつ。これらの王権祭儀は，首長がその妃を伴として実修するもので，多くは同衾が祭式として重要な行為とされ，またそこには稲魂や託宣をもたらす神が降臨すると認識されていた。美園古墳の家形埴輪はまさにタカドノである。かような王権祭儀が成立する過程は，弥生時代以来の首長権の拡大・伸張のなかで，まつろわぬ人々が所有してきた儀礼や神話の掌握と，王権を正統化・裏打ちするための，絶えざる神話創出の過程でもある。豪族居館における祭祀の実態を究明してゆくうえで，居館遺跡が提示する考古資料の分析とともに，大王による祭祀儀礼を解きほぐしてゆくことが必要である。

註
1) 辰巳和弘『高殿の古代学―豪族の居館と王権祭儀』白水社，1990
2) 宮本長二郎・千種　浩『松野遺跡発掘調査概報』神戸市教育委員会，1983
3) 橋本博文「古墳時代首長層居宅の構造とその性格」『古代探叢』II，1985
4) 小笠原好彦「家形埴輪の配置と古墳時代豪族の居館」考古学研究，124，1985
5) 岡田精司「大王と井水の祭儀」『日本の古代信仰』3，学生社，1980
※居館遺跡に関する報告書は割愛しました。

豪族居館と建物構造 ―――――――■ 植木　久

大阪市文化財協会
（うえき・ひさし）

古墳時代の豪族は，大規模な建物を建てるために，棟持柱
を使用したり庇を付設するなどさまざまな工夫を行なった

　小稿は豪族居館を構成する諸要素のうち建築物に注目し，とくに中心的位置を占める大形建物について，その構造・形式を分析し，時代および地域による特徴とその変遷について考えるものである。

1　豪族居館の建物

　栃木県の堀越遺跡や茨城県の国生本屋敷遺跡など，東日本の4世紀代のものは，濠に囲まれた区画内に竪穴住居のみが建てられたものが多かったようである。

　群馬県三ツ寺遺跡（5世紀後半〜6世紀）の主建物は，桁行8間（14.8m）・梁間8間（12.1m）で，身舎は桁行3間（10.5m）・梁間3間（8.5m）という大規模なものである。身舎の柱間は非常に広いが側柱の柱間は狭く，また庇の出は短い。

　群馬県原之城遺跡（6世紀中頃）の主屋と思われる建物のうち，1号建物は桁行7間（10.5m）・梁間5間（8.9m）で，内部に4本の身舎柱を立てる。これと重複する2号建物は桁行6間（8.8m）・梁間4間（8.0m）で，内部に6本の身舎柱を立てる。側柱は間隔を狭くして立て，身舎柱とはまったく対応しない。

　三ツ寺遺跡と原之城遺跡に共通する構造は，平面が正方形に近い形であること，身舎柱の数が少なく柱間隔が広いこと。これに対して側柱は，外壁の取りつけを容易にするため間隔を狭くして立てること。庇の出は短く，身舎柱との構造的な結びつきが弱いこと，などの特徴を持つ。このような形態は，竪穴住居の構造と類似するものであることが指摘されている[1]。すなわち身舎柱は竪穴住居の主柱にあたり，側柱は竪穴側壁もしくは壁柱に相当するというものである[2]。

　この両者以外にも，千葉県玉造上の台遺跡や福島県達中久保遺跡でも，同様の構造をもつ大形の掘立柱建物が報告されており，東日本地域の大形建物の一つの形式としてとらえることができる。

　静岡県大平遺跡（4世紀）では，梁間1間・桁行3〜4間で，両妻の外側に独立した棟持柱をもつ掘立柱建物が3棟発見されている。他に桁行5間・梁間3間で，建物内部に棟持柱を立てる建物も併存している。掘形などの特徴から，前者は高床式建物，後者は平地式の建物と推定される。

　同じく静岡県の古新田遺跡（5世紀後半）では，西半部に大形の掘立柱建物をコ字状に配した一画がある。このうち主屋と思われる建物は桁行7間・梁間6間もある大規模なものであるが，建物内部に2本の棟持柱を立てることにより，巨大な屋根を支えている。一方東半部の建物群には，桁行4間・梁間3間の身舎の南面に庇を付属させた建物があるし，他に妻庇をもつ建物もある。

　一方，西日本地域では5世紀頃から掘立柱建物が一般化するが，その最初期に，和歌山県鳴滝遺跡の大形高床倉庫群が出現する。この建物は桁行4間・梁間4間の総柱形式である。両妻中央の柱を棟持柱とし，側柱までの中間に母屋桁を支持するための通し柱を束柱とは別に立てる。さらに建物の内部，桁行中央部にもこの通し柱を立てるといった特殊な構造をとることにより，大規模な高床建築を可能にしている。

　5世紀後半の大阪府法円坂遺跡の高床式建物群は，桁行5間，梁間5間で鳴滝遺跡よりもさらに大規模である。両妻より1間内側に入った位置に棟持柱を立て，これと柱筋を揃えて母屋桁を支持する4本の通し柱を束柱と別に立てる。

　奈良県藤原宮下層遺跡（5世紀）では，桁行5間・梁間3間の総柱高床式建物が建てられているが，この建物は両妻の外側に近接して棟持柱を立てて屋根荷重を支えている。他の柱はすべて床位置で止まると考えられている[3]が，そのため独立の棟持柱が別に必要になったと考えられる。

　兵庫県松野遺跡（5世紀末〜6世紀初頭）では，柵で囲まれた区画の中に桁行3間・梁間3間で露台のつく総柱建物と，その西側に桁行3間・梁間2間で両妻の外側に独立した棟持柱をもつ総柱建物が発見されている。構造の異なる高床式建物の

みで構成されており，その性格が注目されている。

6世紀以降，総柱の高床式建物は梁間3間を限度とし，それ以上奥行の広いものは，一部の例外的なものを除けば奈良時代を含めてもほとんどつくられることはない[4]。構造的に無理が多いことによるためであるが，それだけに5世紀という時代に限り，鳴滝遺跡や法円坂遺跡のように特殊な構法を用いることにより，突出した規模をもつ高床式建物がつくられたことが，一層重要な意味を持ってくる。

一方平地式の建物では，5世紀後半の大阪府大園遺跡で発見されている桁行5間・梁間4間の大形建物の例があるが，一般に西日本地域では，平地式建物においても梁間4間以上の建物はあまりつくられず，桁行に延ばすか，庇によって奥行を広くする方法がとられる。

広島県大宮遺跡（6世紀後半）では，桁行4〜5間・梁間3間の身舎の，一方の妻から両桁行側面の1〜2間の三方を庇で囲う特異な形態をもつ建物が発見されている。

前述の大園遺跡では，6世紀後半〜末にかけて，桁行6間・梁間2間で南面に庇をもつ建物が建てられる。

奈良県脇本遺跡でも6世紀末〜7世紀にかけて，桁行8間・梁間2間の身舎の西側に庇をつける大形建物が建てられている。

大阪府加山遺跡（6世紀後半〜7世紀）で発見された建物群の主屋と思われる建物は，桁行7間・梁間3間の身舎の三面に庇をめぐらせている。身舎の柱間が1.8〜2.1mであるのに対して側柱の間隔は2.2〜2.4mと広い。庇の出は梁行・桁行ともに1.8mと比較的広いが，身舎柱と側柱の位置は対応しない。

同様の構造として大阪府瓜破遺跡（7世紀前半）の建物は桁行4間・梁間3間の身舎の三方（もしくは四方）に庇をまわす。側柱は桁行4間以上・梁間3間で，身舎柱とは対応しない。

このような古い形態の庇が7世紀代まで残る半面，奈良県上之宮遺跡（6世紀後半〜末）の中心建物は，桁行5間・梁間4間の身舎の四面に庇をめぐらせる。建てかえ後の建物も3間×3間の身舎に四面庇とし，ほぼ同じ構造をとる。いずれの建物も，身舎柱と庇柱は正確に対応する本格的な身舎・庇構造であるが，身舎の梁間が3間も4間もある点は古い要素といえよう。同様の構造は奈良

県平尾山遺跡（6世紀後半〜末）でも見られる。

特異な形態として注目されるのが奈良県阿倍丘陵遺跡中山地区（6世紀末〜7世紀後半）の超大形建物である。この建物は桁行5間（19.1m）・梁間3間（14.0m）の身舎の四周に庇を出し，南・東面には孫庇をつける。身舎内部に棟持柱を立てること，身舎柱の柱間が広く庇柱と対応しないこと，庇の出が短いことなど，古い要素を色濃く残している。

2 大形建築の構造

一部の例外的なものを除けば，弥生時代以前は，平面積を広くとる場合は桁行方向に柱間数を増やす方法が用いられた。これに対して古墳時代以降の掘立柱建物にみる大規模化の傾向は，梁行方向の拡大化として表われる。ところが梁行総長が長くなればそれだけ屋根は大規模なものとなり，梁や梲などの建築部材にも長大なものが必要となるため，自荷重が増えるとともに風圧などによる抵抗も増大する。そのため建築構法にさまざまな工夫が必要となるのであるが，集約すると，棟持柱を使用すること，庇を付設すること，の2点にしぼることができる。

(1) 棟持柱

棟持柱の意味を考えるにあたっては，建物の両妻の外側に独立して立てられたものと，建物の内部に立てられたものとを区別して考えなければならない。

妻の外側に立つ棟持柱は，大平遺跡・藤原宮下層遺跡・松野遺跡などを代表とする。最も簡単で基本的な構造の一つと考えられるが，少なくとも古墳時代以降については，とくに高床式建物に多く用いられた可能性が高い。高床式建物は総高が高いため重心の位置も高くなり，風圧などによる影響を強く受ける。そのため部材相互の接合などに高度な技術が要求される。平面積の大きな高床式建築であれば，両妻の外側に棟持柱を立て，屋根荷重を支える必要があったと考えることができよう。大平遺跡の例は，梁間が1間の割にはスパンが4.5mと広い。藤原宮下層遺跡は平面積が大きいにもかかわらず床上と床下が別構造となるため，構造的に弱くなる。そのため棟持柱によって屋根荷重を支える必要があったのであろう。

松野遺跡は梁間が2間であり，それほど広くないにもかかわらず両妻外側に棟持柱をもってい

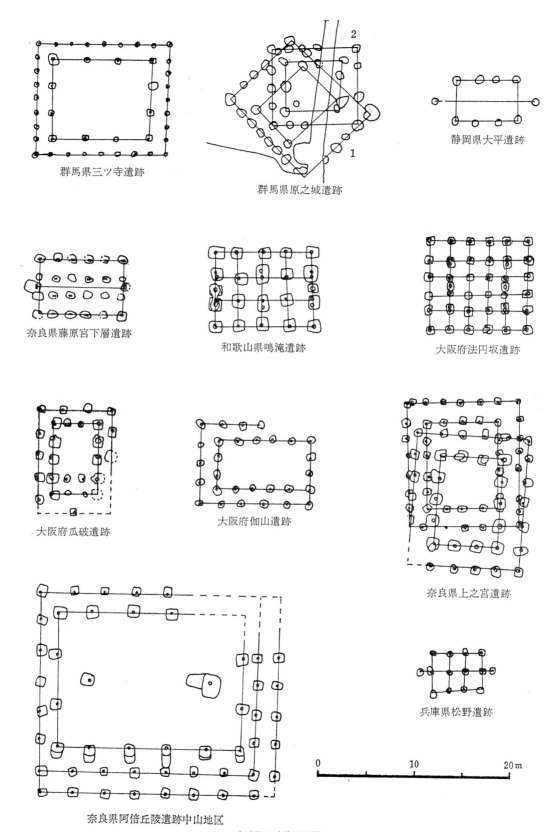

各遺跡の建物平面図

る。構造的にはあまり意味がなく，象徴的な意味あいが強いとされる伊勢神宮正殿の棟持柱との類似性が指摘される。さらに，成立時期のよくわからない神社建築を考えるにあたっても，興味深い遺構である。

このように，妻の外側に立つ棟持柱は，主として比較的規模の大きな高床式建物に用いられたことが推測されるのであるが，当然のことながら建物の桁行総長以上の長大な棟木が必要となることから，とくに桁行方向の拡大化には限度があり，平面積についても，一定以上の大規模化にはつながらなかったことは重視すべきである。

一方，建物内部に立つ棟持柱も縄文時代の竪穴住居以来の歴史を持ち，大規模な屋根を支える方法としては基本的な手法と考えられる。古新田遺跡，法円坂遺跡，阿倍丘陵遺跡中山地区を代表例としてあげる。

棟持柱が建物内部に立つので桁行総長よりも短かい棟木ですむため，屋根荷重を少なくさせることにも繋がる。棟持柱によって直接棟木を支えるため，叉首（合掌）を組む必要がなく，棟木と側桁を梶によって結べば長大な梁を架けなくても建物を維持することができたであろう。そのため，桁行・梁行両方向の拡大化に極めて有効な手法であった。阿倍丘陵遺跡のように身舎の梁間が14mもある建物になると梁を架けることは困難であろうから，内部に棟持柱を立てて巨大な屋根を支持しなければとてももたなかったであろう。

(2)　身舎・庇構造

建物の平面積を拡大化するもう一つの手法は，庇を付設する方法である。この構造によれば，小屋組みを受ける身舎部分は同じ規模のままで，その周囲に庇をつけることにより床面積を広くすることができる。従来庇付の建物は6世紀末の寺院建築の導入以降普及すると考えられていたが，近年の調査により，さらに遡る時期の庇付建物が報告されている。その最も古いものは弥生時代中期にまで遡る可能性が指摘されている[5]が，確実なものとしては古新田遺跡が早い例である。ついで大宮遺跡や大園遺跡に庇付の建物が見られる。

6世紀後半以降になると，伽山遺跡や瓜破遺跡で3〜4面庇の建物が出現する。これらの建物は庇の出が大めであり，また側柱の柱間隔は身舎柱のそれよりも広くとられている。既して東日本の竪穴住居からの発展形よりも，身舎と庇の構造的な結びつきは強いが，それでも身舎と庇の柱位置は対応していないなど，古い形態を示している。その中で，上之宮遺跡や平尾山遺跡の四面庇は庇の出も広く，また身舎と庇の柱も対応する位置に立つ本格的なものであり，後の寺院・宮殿建築に近似する構造として注目される。

3　おわりに

以上のように，古墳時代には大形建物の構造として，棟持柱を使用する方法や，庇を付設する方法などがあったことを述べた。ただしこの両者は二者択一的なものではなく，両者を併用することにより，さらに大規模で安定した構造とする場合もあった。古新田遺跡や阿倍丘陵遺跡にその例をみることができる。また鳴滝遺跡や法円坂遺跡のような巨大な高床式建築には，棟持柱と併用して屋根を支えるための通し柱を別に立てるという特殊な構造がとられるなど，試行錯誤的な工夫がなされたことを知ることができる。

古墳時代の大形建物にひんぱんに用いられた棟持柱は，奈良時代以降は，伊勢神宮正殿などの一部の建築以外にはほとんど使われなくなる。これは，身舎の梁間が4間も5間もあるような無理のある建物はあまりつくられなくなることや，長押や貫の使用により軸部を固めることが可能になったことなどによると思われる。そしてこれと表裏の関係にあって，その後一般的に用いられるようになるのが，身舎・庇構造による平面規模の拡大化である。この間の変化に，寺院建築建設のために導入された新たな技術が大きく影響していることは明らかであろう。

註
1)　宮本長二郎「古代の住居と集落」『講座日本技術の社会史』第7巻―建築，1983
2)　そのためこのような構造に「身舎」「庇」の用語は不適当であるとし，民家建築の同義語である「上屋」「下屋」の呼称を用いることが多いが，発掘調査で得られた資料のみからこの両者を厳密に区別することは困難であるので，小稿では「身舎」「庇」の用語を用いる。
3)　奈良国立文化財研究所『飛鳥・藤原宮発掘調査概報』15，1985
4)　植木　久「高床式建築の変遷」『クラと古代王権』1991
5)　宮本長二郎「弥生時代・古墳時代の掘立柱建物」『弥生時代の掘立柱建物』1991

豪族居館と邸宅

国立歴史民俗博物館教授
■ 阿 部 義 平
（あべ・ぎへい）

古墳時代には居住性と防備性を兼ねた施設が存在するがこれを居館
とよび，防備性を欠き居住性も薄い施設も含め邸宅として把握する

1 居館と邸宅

　倭国の王（大王）を中央に載く一方で，実際に各地を支配した在地の首長層は一般的にいう豪族として把えられる。豪族成立の考古学的研究は，主に墓制から進められてきたが，最近日常的な居住地などを含めた全体的な研究の途が開かれた。豪族居館の発見がその途を開いたといえよう。倭人の小国の王たちの子孫を含む在地首長層が営んだ施設が判明してくると，その実態を反映し，表現する概念，用語が問題となってくる。

　発掘調査された遺構においては，外周に防備施設を発達させたもの，防備施設が軽微なもの，区画施設程度のもの，区画施設もみられないものがあるが，集落一般とは何らかの形で区別ができるという前提が成立している。内部には居住性が自ら明らかな竪穴住居から構成されるもの，掘立柱建物を混じえるもの，掘立柱建物を主体とするもの，掘立柱建物だけのものなどがある。竪穴式の建物でも工房や共同的施設や収蔵施設などの機能が想定されるケースもある。掘立柱建物も，居住棟とみられるもの，居住以上の祭や政と関わるもの，居住棟以下の各種の機能が考えられるもの，とくに倉庫群からなるものなどもある。それらの建物配置から，官衙的あるいは宮殿的遺構とみなされる場合，首長層施設としても単独の首長に属するものとそれ以上の機能が予想されるものもある。全く単独の建物である場合や施設が複合していく場合もある。神殿あるいは祭祀に関わる建物かとされる例も含まれる。濠を伴う共通点から，同時代の環濠集落との差異も問題とされる。施設細部の特色や出土品の特色からは，さらに多くの実態の差あるいは機能の組合せが想定されていくことになろう。

　これらの遺構を把握していく上で，すでに提案されている包括的概念として，まず「居館」がある。これは1981年の三ッ寺遺跡の調査において提示され，それ以来広く認められてきた。この「居館」は，一般的な集落状況や防衛村落とも異なる限定された防備性と居住性を示す遺構を表わす有効なイメージをもっている。三ッ寺遺跡の周辺では，一定の空間地をおいて集落が広く展開しており，居館はその中心的位置を占め，対応する古墳も認められるというめぐまれた状況がその名称の有効性を確かにしていた。祭政のあり方は時代で異なるであろうが，居館という居住性と防備性を兼ねもった施設という概念は，日本歴史上の中世の豪族の施設としての居館から延長されたものであることは明らかである。時代を異にしても極めて似た形態を把握したことになる。しかし律令時代など古代の館自体の用例は，豪族のやかたとして防備性を表に出した概念ではなく，公的に認められた宿舎や居住施設を示すことが本堂寿一氏により論述されている。古墳時代の首長層の施設でも，前述のように多様な施設が判明してきている。そこでこの種の遺構に対してさらにいくつかの考え方が提案されてくることになる。

　一案は，古墳時代の在地首長層の施設ということを居というニュアンスに含めながら，居館の概念を広げて類例を包括する考え方であり，居館の細分や類別という手法がとられることになる。もう一案は，防備性の特色より首長層施設の一般的成立に重点をおいて，これを「居宅」と把えていく考え方である。防備施設は居宅の一部に表現された特色ということになる。施設の多様なあり方や，続く時代へのつながりでも納まりがよさそうであるが，居宅や居館に共通する居という居住性の強調が，今後も実際の遺構に貫徹していくのかという問題が残る。そこで現状では，居住性と防備性をかねた施設が確かに存在することと，それと関連する施設で防備性を欠くなどの施設があるだけでなく，居住性が薄い施設が展開し，次の時代への連続と画期を示していくことも予想して，これらを居館と邸宅として把握しておくことにしたい。邸と宅はやしきとしての建物と敷地を含め，さらに別宅，別業，公邸などを含めうる広い

概念として把え，邸宅の防備されたケースが方形単郭の居館というめざましい形態をとるということになる。古代史の研究からは，すでに「居館」の発見以前に吉田孝氏が在地首長層の施設の存在やその呼称について，「ヤケ」を歴史的な概念として提案しており，これが大王のミヤやその下部の施設としてのミヤケへと関連性を示すことを論じている。この「ヤケ」に近いものとして，考古学的に把えられてきた遺構を広く邸宅として把えていくことが可能であろう。なお，ミヤ，ミヤケ，ヤケなどがもつ機能が包括されて，支配層のオホヤケと認識され，さらに統一国家の超越的公共性の公と連なることになっていくのでないかと考えられる。

居館・邸宅は，古墳時代における確認作業が進んでいるが，その成立の前史とその後の展開も問題とされねばならない。この居館邸宅のいくつかの問題をとりあげてみる。

2 居館・邸宅の形成

環濠による一体的防備により，共同性を表出する弥生時代の集落から，濠で区画された居館の分離は，継起する事象として把えられ，内的関連性が説明を求められる。その過程は決して単純ではなく，前史も前提もあるはずである。前史とみられる状況は，例えば弥生時代後期の佐賀県吉野ヶ里遺跡での大環濠内の櫓を伴う突出部などをもつ内重の環濠が注目され，弥生時代の環濠集落内部に生じた発展や階層分化から生じた過程と画期が追求される。居館形成の前提として，首長層の成立や農業共同体内での経営単位の自立が少なくとも首長層と関わっては進行していなくてはならない。集落遺構から経営単位を確認する作業は，火山灰などによる瞬間的な埋没などの例を除いては方法的に確立していない点が多い。共同屋ともされる東国などの大規模な竪穴住居の検証を固める一方，簡易な平地式建物，掘立柱建物の有無の検討，なによりも一時期の建物の組合せを抽出できなくてはならない。

現在確認された居館が果して時代の変革を生じた中心的地域の，中心的内容を示してくれているのか問題が残るものの，現状からは居館邸宅の形成は古墳築造の開始といった画期と関連することが予想される。方形単郭の居館が格差をもって，しかも一定範囲の規模の共通性ももって広域に存在するという推論があること，しかも古墳の規模や形態の差とそれが関連をもつのでないかの想定もされていることは，居館出現が単なる地域的事象や地域的契機や発展の成果に止まることはないであろうことを提起している。居館にみられる濠や柵木列，そして建物などでも，全く新しい要素と目されるものは指摘できず，在来の技術の集成と発展とみるべきものであろう。

3 防備施設

居館の防備性を論ずる上で，幅3～4m級の濠の存在がまず注目され，居館の検出がまず濠の存在から認識されることも多い。濠は弥生時代の集落の環濠の経験をひきつぐものとみられるが，V字濠などの下半を掘りあげなかったのか，箱堀状をなす共通性もある。濠外からの流入土が四斗蒔遺跡で指摘され，国生本屋敷遺跡では少なくとも内側に土塁が予想された。通常土塁は濠の土をかき上げて供給源とする規模に止まるが，原之城遺跡で幅10mに及ぶ層状に築成した土塁と濠外の盛土も認められている。その外面の傾斜は把握されていないが，三ツ寺遺跡の濠の葺石斜面とあまり違わないとすると律令期の城柵の外面の築垣よりゆるい斜面となる。土塁の他に実際に有効な防備施設として，柵木列あるいは掘立柱を主柱とする塀が，防備の中心施設と目されることになろう。

三ツ寺遺跡の柵列や突出部の整備状況ほどではなくとも，前期以来柵木列が立証される例がふえてきた。このような柵木列の系譜も，例えば弥生時代前期の秋田県地蔵田B遺跡例などから連なるものであろうし，古代以降の各期にも実例がみられる。濠を伴わない掘立柱列の区画も，このようにみると軽視できないが，居館として濠と土塁を組合せ，柵木を並べ，さらにその濠を幅30mにも発達させる要因が古墳時代にあったことになる。

律令時代の城柵は，都の宮城を除けば国の周辺部に国家施設として展開する。そこには新たに切石などをつんだ傾斜の強い石垣や版築技法による築垣，土塁などがみられ，前代の居館に比べて立地や規模，内容も異なる点が多いものの，柵木列を用いること，櫓の存在，濠の存在などや単線的防備などは前代からの継受を示す部分であろう。

4 内部施設と居館邸宅の展開

居館内には，西日本の前期の小迫辻原遺跡で総

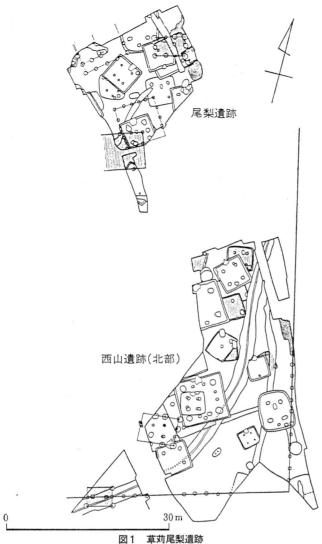

図1 草苅尾梨遺跡
（第6回市原市文化財センター遺跡発表会要旨より，一部加筆）

柱や側柱建物とみられる掘立柱建物，関東地方前期の例では壁柱穴も伴った竪穴住居などがみられる。前期の邸宅的施設は，畿内ではまだ纒向遺跡での区画の柱列や小掘立柱建物などに止まるが，東国の大平遺跡で内部や外部に棟持柱をもつ大型の掘立柱建物などを伴う区画された施設の集合，それと共通点ももつ北川表の上遺跡の掘立柱建物群の存在から，中央でも邸宅の成立が推定される所である。そこには纒向遺跡などを含め，祭祀的色彩が色濃く表われていることも注目したい。

中期の居館状況は，東日本で前期からの継続的状況がみられるほかに，草苅尾梨遺跡で整った配置例が知られる。畿内では大園遺跡の簡易な区画の例や鳴滝遺跡や難波宮下層遺跡の大規模な倉庫群が発達する。石垣や掘立柱の区画をもつ例も存在する一方で，邸宅施設の発展も充分予想されるが，実証は今後にかかっている。

後期には東国の毛野の地を中心に，居館の発達が大いにみられ，そこに倉庫群も内包される例など，在地での祭政の状況が伺われる。一方南関東地方では区画施設を伴わない形での邸宅遺構の存在が知られる。畿内では居館の発展例と別に大規模な掘立柱建物の単独例や邸宅あるいは宮殿的な建物群の展開がみられる所である。さらに九州地方の比恵遺跡では官家かとされる遺構がみられ，倉庫群とともに内部空間を囲む回廊状施設と殿舎が認められ，整った左右対称的配置が想定される。居館施設は畿内地方では限定された状況で実現した可能性すら予想される所である。

また東国の居館や邸宅にみられる中心的建物は，東国の竪穴住居の発展した要素を示す合掌構造の屋根の建物かとみられており，畿内周辺でも明瞭な外来の技法は大壁式の掘立柱建物やオンドルを伴う特殊な事例に止まる。大型建物，倉庫では前期以来，内部に棟持柱をもつなど，大型化に伴う技術改善的試みが認められる。邸宅は畿内を中心に早くから予想され，東日本に掘立柱建物の新たな流れとして伝わったようで，それは一方では中央と結びついた邸宅の流れ，一方では在地的掘立柱建物の発達へと関連するようである。これらも今後の遺跡の実例でさらに検証される必要がある。

5 律令期への移行

居館が盛行した毛野の地でも，6世紀半ばの原之城遺跡以降は官衙などが展開する8世紀まで，豪族の居住地の状況は知ることができない。このころには上野国造などの中央とつながる権力形成やその系列が墓制などから想定されており，居館邸宅遺構の発見がまたれる。居館邸宅の展開のある畿内でも奈良県上之宮遺跡で布掘り溝や門などの遺構がみられるのに加えて，伽山遺跡，瓜破遺跡，はさみ山遺跡など，奈良時代の邸宅例とつながるような区画をもつ例がみられ，大規模な建物群として発展していることが知られるものの，居館としての防備性は乏しくなるようである。先にのべた九州の比恵遺跡は官家かとされる例であり，官衙の先駆的様相をよみとることも可能である。

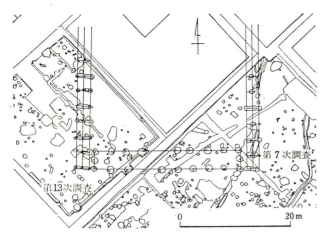

図2　福岡市比恵遺跡　東方の建物遺構（柳沢一男論文より）

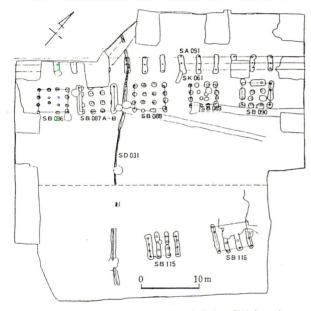

図3　福岡市比恵遺跡　西方の倉庫群（柳沢一男論文より）

この時期に斑鳩寺下層の宮殿遺構など，左右対称性をもつ宮殿の発達例も認められてくる。全体的に7世紀代には，毛野で発達したような居館は認められない代り，邸宅が畿内を中心に各地にみられ，やがて都城の展開とともに都城などにそれが集められ，規格化した宅地に集住させられる状況が発掘で判明してきた。居館邸宅の遺構の流れとしては，7世紀代はとくに不明の点が多い。例えば毛野の地を始め，各地に国造制の展開が予想されているが，国造と関わる遺構あるいはそれと同期の遺構状況は判っておらず，中央でも宮殿邸宅の発展は今一つ判明しない。それでも大局的にみると，古墳時代の居館邸宅にいくつかの画期が内包されて発展したこと，そして居館邸宅の展開から次の時代の都城と宮殿，官衙，城柵，邸宅の諸要素の大きな部分が引き出されることは明らかなことである。居館のもつ軍事的自立性やその諸要素の発展，邸宅の技術的先進性や展開，内部構成の相対的な多様性にみられる祭政による在地支配権力の確立と動向は，この時代の首長層の性格を反映するものであろう。この点では都城内にとりこまれ，あるいは地方官衙付近に展開したとみられる邸宅には防備性が乏しく，とくに都城内の邸宅は長屋王邸の例などを除けば一面で規格化した側面も指摘される。在地首長制を基礎にした時代は古墳時代から律令時代を通じて認められているものの，古墳時代の在地首長と中央集権国家成立後のそれとは同一ではないことが，居館邸宅のあり方からもうかがわれることになるのでなかろうか。

参考文献

本堂寿一「"館"訓読名の歴史的考察」『北上市博物館研究報告4』1983

吉田　孝「オホヤケ考」『律令国家と古代の社会』1983

橋本博文「古墳時代における首長層居宅」考古学ジャーナル，289，1988

佐賀県教育委員会『環濠集落吉野ヶ里遺跡概報』1990

柳沢一男「福岡市比恵遺跡の官衙的建物群」日本歴史，465，1987

特集 ● 古代の豪族居館

古代史と豪族居館

豪族居館を古代史の側からみるとどんなことがいえるだろうか。文献との対比によって当時の支配体制などを読みとってみよう

上野の豪族と居館／古代史からみた豪族居館

上野の豪族と居館

群馬県教育委員会
前澤 和之
（まえさわ・かずゆき）

政治的拠点である三ツ寺Ⅰ遺跡と，史料にみられる氏族の
動向から5世紀後末期の上毛野地域の政治的状況をのべる

　関東平野の北西隅に位置する群馬県の中央部にある三ツ寺Ⅰ遺跡で，1981年に古墳時代の豪族の居館とみられる遺構が発見されて大きな話題となった。その後これをきっかけとするように，全国各地で同様の遺構の所在が次々と確認された。
　その中にあって三ツ寺Ⅰ遺跡は，規模が大きくまた構造に特異なものがあり，さらに1988年に調査報告書が刊行されたこともあって，より注目されるところとなっている。そこでこれらを踏まえて，三ツ寺Ⅰ遺跡とそれをめぐる地域首長の動向とを考えてみたい。

1　群馬県内で調査された居宅と居館跡

　古墳時代の豪族の居宅・居館とされる遺構は，群馬県内では三ツ寺Ⅰを初めとし，原之城，本宿・郷土・丸山，荒砥荒子，梅木，成塚，水久保の8遺跡で調査されている[1]。これらの概要については井上唯雄氏によって整理されているが[2]，それによると共通した要素として，①存続期間は20～30年で，1世代限りの施設である可能性が強い，②一般の集落から隔絶する意識が働いている，③周辺に優れた生産基盤をもつ，④5世紀後半以降に出現している，といった点が指摘されている。その上で井上氏は，三ツ寺Ⅰ，原之城，本宿・郷土は，規模が大きく，濠や柵列などの防禦的性格が強い，内部に掘立柱式建物などがあり一般の集落の様相と異なる，祭祀のための施設をもつ，威容を誇示しようとする意識が強くみられる，といった点で他とは異質な面をもっていることを指摘している。

2　「堡」と居宅

　そこでこうした居宅・居館が，古代に作成された記録の中でどのように書き表わされているかを検討してみる。まず注目されるのが『常陸国風土記』に載せられている古老の話である。それによると昔この地方には国巣（くず）などと呼ばれる人々がいたが，行方郡の条には崇神天皇の時にこの地を平定するために遣わされた官軍に対して，その首帥（ひとこのかみ）は「堡」に依って防戦したが，この「堡」は㋐穴を掘って造ったもの，㋑首帥が常に居住していた，㋒閉じて防禦ができる，㋓内部には房（いえ）がある，㋔危急に際して配下の男女を囲い込むことができる，といった構造と機能をもっていた。これは茨城郡の条に書かれているように一般の国巣が，土窟（つちむろ）を掘り常に穴に住むのと較べて，規模と構造の面で大きく違っていたことを示している。この用語

62

は法令にもみえるもので，養老軍防令縁辺諸郡人居条では「城堡」について，その義解は「堡」は土を高くして賊を防ぐものであり，守りを固めた城ではない，との解釈を示している。

そこで群馬県内で調査された居宅・居館とされる遺構をみていくと，最も全容が判明している丸山遺跡は内部の規模は32×25mと小ぶりなものであるが，周囲には堀とそれと一体となった柵が巡らされている[3]。その内部には少なくとも8軒の竪穴式住居があったが，それらは南側を開けるように東・西・北辺に沿って意図的に配置された様相を示している（本誌39頁図1参照）。そしてこの遺構は西から南側にかけて広がる同時期の集落よりも1mほど高い位置に，それらと分離した形で造られていた。荒砥荒子遺跡でも規模は異なるものの，ほぼ同様な構造をもっていたことがわかる。これを前にあげた『常陸国風土記』の記事と較べると，構造の面で㋑・㋒・㋓を彷彿とさせるものであり，またそうした構造から判断して㋐・㋔の機能を思わしめるものである。そうしてみるとこれらは，基本的には集落首長層の居宅と見なすことが可能であり，それの防備構造に注目された場合に軽微な城を意味する「堡」と称されたものと推察することができる。こうした想定は成塚，水久保遺跡にも当てはまる。

3 「城」と居館

次に「堡」と対比される「城」についてみてみる[4]。『日本書紀』の皇極天皇3年（644）11月条に，蘇我蝦夷らが甘檮岡に家を建てたが，その外には「城柵」を造り兵士に守らせたこと，また畝傍山の東に家を起こし，池を穿って「城」となし，庫を起こして箭を儲けて防備を固めたことが記載されている。これを法令でみると，養老軍防令城隍条の義解は「隍は城の下にある坑」としている。つまり「城」は溝や濠で囲まれた堅固な施設とされている。また公の施設を区画する垣などを無断で越えた場合の処罰規定である衛禁律の越垣及城条には「筑紫城」・「城柵」・「城主」などの語がみられるように，「城」は中央権力が関与する公の施設を示す場合が多い。

群馬県内でこれまでに発見されているものはすべて「堡」，つまり集落の首長層の居宅としての要件を備えているが，その中にあって三ツ寺I遺跡と原之城遺跡についてはそれ以外に顕著な要素

があるのが認められる（本誌39頁図1,51頁図参照）。まず周囲に幅が20m以上もある濠を設け，内部にはそれと一体となった堅固な柵や大規模な土塁が築かれており，また要所には張出しが造られるなど高度な防備構造が形成されていることである。この点では史料にみられる「城」と称するにふさわしい要件を備えている。そして外部との隔絶が図られた内部は，三ツ寺I遺跡が86×86m，原之城遺跡が105×165mと規模的にも大きく，それがいくつかの区画に分割されていることである。そこには竪穴式住居以外に主屋とみられる掘立柱式建物があり，さらに祭祀を行なう場が設けられている。こうした構造からみてこれらは単なる集落の首長層の居住地ではなく，祭祀を含めた多様な機能をもっていたことは明らかであり，「オオヤケ」の源流であることを窺わせるものがある。しかしその一方では竪穴式住居も造られており，居宅としての機能も併せもっていた可能性も残るため，これらは公的な役割を多分に有し，防備構造をもった居宅の意味で城館と称しておく[5]。

4 館の祭祀

城館とみた2つの遺跡では内部に祭祀を行なった場が確認されているが，この両者を較べてみると大きな違いがある。原之城遺跡では北東隅の土塁のすぐ内側にあり，約2m四方の浅い窪みの中に手捏土器を含む土師器と大型高坏などの須恵器，石製模造品などが多量に置かれた状態であった。また祭祀の場の四隅には須恵器の大型器台を立てた痕跡が認められたが，石敷などの施設は見られず当初は平地に近い状態であったらしい。

これに対して三ツ寺I遺跡では，内部の中央を東西に区切る柵の南側に沿って溝があり，その西端とそれから約30m中央部に寄った2ヵ所に平面が六角形になるように掘り窪め，中に石を敷き詰めた施設があった。その西端の1号は4.15×4.40mであるのに対して，中央部の2号は8.5×10.8mと大型であるが，この両者の内部からは高坏を主体とした土師器を細かく砕いたものと，子持勾玉を含む滑石製模造品が多数出土した。この溝を西に延長した位置に当たる西濠の底部から橋脚が発見され，その近くからは木樋が出土しており，溝と木樋橋が一連のものとしてあったことがわかる。そしてこれは築造当初から意図的に配置され，構築されたものであることが明らかとな

63

っている。この両者の祭祀遺構のあり方を較べた場合に，三ツ寺I遺跡のものは明らかに流水を介在させた祭祀であり，館の築造の企画の初めから設けられている点で特徴的である。

そこで行なわれた祭祀について，辰巳和弘氏は水車などを使って汲み上げられた濠の水が，木樋を通して石敷の祭祀場へ供給され，そこでは首長による禊・沐浴の儀礼が行なわれていたとみている[6]。また坂本和俊氏は溝と2カ所の石敷遺構および井戸を，『古事記』上巻の「天の安の河の誓約」条に書かれている天の安の河と天の真名井に見たて，西の1号に立った居館の主が，中央部の2号に立った者が差し出す木製の大刀を折っては濠に投じる服属儀礼，また2号に立った服属者の代表に対して豊穣の本になる子持勾玉を与え，それを割らせて石敷の下に埋めさせる行為を伴った農耕儀礼が行なわれたと考えられている[7]。それぞれに興味深い推察であるが，辰巳氏の場合は2カ所にある石敷遺構のそれぞれが，どのような役割をもっていたかについての説明が十分でないように思われる。その点で坂本氏の見解は傾聴すべきものであるが，これらが約30mとかなり距離をおいて造られており，また居館の主が立つとされる1号がほとんど西端の柵に接した場所にあるのに対して，服属者が立つ2号が中央部にあって規模も大きいことをどのように説明づけられるかに問題が残る。

西端の1号は木樋からの水を石敷内に設けた枡に落し込むのに対して，中央部の2号では石敷の中央を貫流させるだけの構造となっている。この両者の位置関係と規模を勘案すると，祭儀の主体は館の中央部の2号で行なわれたのであり，1号はそこで使われる水を取り入れる水口の祭祀の場であるとみるのが自然ではないだろうか。2号では石が何度も敷き直しされていること，また子持勾玉が出土していることもその推定を助けている。このようにここでは芦田貝戸遺跡にみられるような[8]生産の現場での祭祀を象徴化，儀式化したものが，地域首長によって執り行なわれたと考えることができる。実際にこの館を築いた首長は，河道を改修して館の周濠とし，さらにその水量調整を行なう仕組みを造り上げていたのである。それには高度の治水技術をもつと同時に，それを実行に移せる労働力を編成できる政治力が確立していることが必要である[9]。そうとすれば当時ここには高度に組織化された，支配形態が成立していたとみてよい。

5　三ツ寺I遺跡が造られた時期

三ツ寺I遺跡の存続した時期について，報告書では築造を5世紀第3四半期頃，機能停止を5世紀末から6世紀初頭，廃絶を6世紀第2四半期頃と推定している。そしてそれは近接してある保渡田の二子山古墳・八幡塚古墳・薬師塚古墳が築造された期間と一致し，この遺跡は3代にわたる首長と係わりをもつと考えられた。これに対して出土した土器を詳細に検討した坂口一氏は，これの存続した期間は5世紀後半の終末に近い時期を中心にした短期間であること，これの築造につれて周辺の集落形成が急激に進むが，それは各地でもみられる現象であることを指摘した[10]。同様に坂本氏も5世紀末に造成が始まり6世紀初頭に廃棄されたもので，その存続期間は20年前後の短期間であるとしている。こうした土器型式からの年代観には，研究者によって若干の差があるが，今のところ両氏が指摘されたように，この館が機能した期間は5世紀末を中心としたほぼ1世代の間とみるのが妥当なようである。

これはこれまで居宅に区分してきた遺構と同様であり，この点では三ツ寺I遺跡を特殊視することはできない。しかしそれをもって通有の集落首長ないし地域首長の居宅とみて，どこにでも有り得るものとするのも早計である。それは当初から祭祀を目的とした構造であり，同時期の居宅遺構と較べて，明らかに異質な機能をもつからである。また防備が強く意識された構造となっているのも，この時期のこの場所に固有の目的をもって造られた施設であることを示唆するものである。

そこでこの城館に関係する保渡田の3つの古墳についてみてみると，これらは5世紀後期に他の地域に先んじて造られた大型の前方後円墳で，それはこの地域に政治的な優位性が認められていたことを示すものと理解されている[11]。そしてこの地域ではそれまで大型の前方後円墳は造られておらず，いわば空閑地への進出であるとみられる。こうした動きは，周辺の開発と合わせて5世紀後末期のより広範な政治状況との係わりによる新たな拠点の形成と考えるのが妥当である。

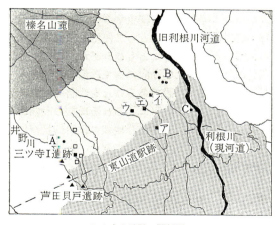

三ツ寺Ⅰ遺跡の関係図
A保渡田3古墳（二子山古墳・八幡塚古墳・薬師塚古墳） B総社古墳群（総社二子山古墳・愛宕山古墳・宝塔山古墳・蛇穴山古墳） C王山古墳
□集落跡　▲水田跡
ア上野国府　イ山王廃寺　ウ国分僧寺　エ国分尼寺

6 「車」の地

三ツ寺Ⅰ遺跡があるのは律令制度下の群馬郡の中央部に当たる。この郡は7世紀末までは「車評」であり、『倭名類聚抄』の記載から「群馬」と表記されるようになってからも「くるま」と呼ばれていたことが知られる。この「車」の地名の由来について直接明らかにしたものはないが、『上野国神名帳』の群馬郡西郡分には車持若御子明神と車持明神が記載されている[12]。それではこの車持と上毛野地域との関係であるが、『新撰姓氏録』左京皇別下に「車持公」があって、それには上毛野朝臣氏と同祖で、豊城入彦命八世孫の射狭君の子孫であり、雄略朝に乗輿を供進したことにより車持公の名を賜ったと記されている[13]。この系譜関係については『三代実録』元慶元年（877）12月25日条に、車持朝臣氏は上毛野・大野、池田・佐味朝臣氏ともに崇神天皇の子孫であると書かれ、また『続日本紀』延暦10年（791）4月乙未条には入彦命の子孫である東国六腹朝臣は、居住地にちなんで氏族名がつけられたとある。この東国六腹朝臣とは天武天皇13年（684）11月に朝臣の姓を与えられた、上記の5氏に下毛野氏を加えた6氏であると考えられる。そして古代東国で車持に関係する地名は上総国長柄郡車持郷と上野国群馬郡（車評）があり、呼称を正しく伝える点では前者であるが、豊城入彦命の子孫とされた5氏の名がいずれも上野国と下野国の地名に合うことを考慮すると、後者に係わるものと考えるのが妥当である。それによってこの群馬郡はかつて車持氏の居地であったとみることができる。

7 車持氏と雄略朝

朝臣の姓を与えられた6氏は豊城入彦命を祖とする氏族群の中核であり、上毛野地域周辺を出身地とし、それによって氏族名が付けられたとみられる。その中にあって車持氏だけは職務にちなんだ名であり、それに由来して地名が起った可能性がある。これは律令制度下で車持氏は宮内省主殿寮に属し、天皇の周辺の諸事を分担することを世襲する殿部となっており、他の5氏がいわば官人氏族であるのに対して、車持氏は内廷の職能氏族に編成されていることとも関係しよう[14]。つまり後に車持と命名されることになる地域首長は、上毛野地域を出身地とする有力氏族の中で他に先駆けて王権と結び付きをもち、内廷機構が整備される段階でそこに活動の場を得たとみることができる。それが雄略天皇の時のことと伝えられているわけである。

この雄略天皇は5世紀第4四半期から6世紀初頭にかけて目覚しい活動をしたことが知られるが、中でも『宋書東夷伝』に記されている昇明2年（478）に倭王武が順帝に出した上表文が有名である。その中で雄略天皇にあたる武は「東は毛人を征すること五十五国」などと、父祖らが国土平定のために東奔西走したことを述べている。こうした王権の進出は地方の首長層との関係を深める形、あるいは対抗する形で行なわれ、政治的激動を引き起こしたことは想像するに難くない。これをうけた雄略朝は国家形成の画期と位置づけられて、内廷機構を構成する諸集団のトモが整えられた時期とみられている[15]。こうした流れの中で後に車持氏となる首長が王権と結び付きをもち、それによった地域の政治構造の再編成の中核となったと想定することができるのである。

8 三ツ寺Ⅰ遺跡と車持氏

保渡田の3つの古墳が築造されたのは、雄略朝を中心とした時期に当たり、三ツ寺Ⅰ遺跡の城館が機能していたのはまさに雄略天皇が活発な動きを見せていた時期に一致する。そしてこれに併せて地域開発が急激に進められたことは、坂口氏によって指摘されている。城館の内部では農業生産

に係わる祭儀が行なわれていたが、主屋はその前が広場となっていることから首長が中心となる政治の舞台であったと考えられる。

この地域ではまず二子山古墳に葬られた首長が進出して拠点づくりをし、それを引き継いだ八幡山古墳に葬られた第2代首長が周辺の開発を進めるとともに、出土遺物の共通性から祭祀儀礼と政治の拠点である城館を完成させたものと考えられる。それに続く第3代首長が薬師塚古墳に葬られた後に、後を継ぐべき者がこの地を離れたのである。初代と第3代首長が三ッ寺Ⅰ遺跡ほどの城館を築いていれば、その痕跡はかなり明瞭に残っている可能性がある。それが発見されないのは、それに当たるものが造られなかったからではないだろうか。同一の首長系列においても、この城館の築造は一時期の特異な現象であり、それは政治的な状況を反映したものと見なされるのである。

そこで車持氏が雄略朝に王権と係わりをもったと伝えられ、その後直接王権の場へ移ったと考えられたことが想起される。この時期の一致や、城館・古墳の変遷と車持氏の動向との対応から、この氏族の前身である首長が保渡田の古墳と三ッ寺Ⅰ遺跡の城館の築造と経営に係わったと見なすことが可能である。ただここで注意しておきたいのは、首長の古墳築造が無くなった後も、それまで在った集落はなお存続しており、また断続的にではあるが9世紀に至るまで城館に向けた祭祀行為が見られることである。このことは地域社会が解体されたのではなく、ただ首長層が本拠地を離脱しただけであることを示している。

この北東方約5kmには、6世紀初めの王山古墳に始まる総社古墳群がある。これは、保渡田古墳群と同じく新出の勢力であるが、次第に力を強め7世紀には上毛野地域で最も優勢となる。右島和夫氏は古墳の形状やそこに導入された技術から、これは7世紀代に中央政権に参画した有力勢力であって、史料との関連からみて上毛野氏に比定している[16]。このことは保渡田の後を引き継いで、中央王権と関係を深めた勢力があったことを物語っている。そして逆に中央の政権にとってこの一帯が掌握し続けるべき要衝であったと認識されていたことを示すものでもある。事実後で三ッ寺Ⅰ遺跡から総社古墳群の南を通るように東山道駅路が設けられ、また両者の間に国府と国分二寺が造られる要地となる。三ッ寺Ⅰ遺跡の城館は、

西から碓氷峠を越えて関東平野へ、さらに東北地方へ進出する際の経路として便地を望む場所に造られているが、このこともこれがただの首長の居宅ではなく、時代の動向の中で政治的目的をもって築かれた拠点施設であることを物語っている。

三ッ寺Ⅰ遺跡と史料に見られる氏族の動向とから、5世紀後末期の上毛野地域の政治的状況について1つのシナリオを描いてみた。疑問のまま残った問題点は少なくないが、その詰めを今後の課題としたい。

小稿の作成でご教示を得た坂口一・下城正・西田健彦・右島和夫氏をはじめとする方々に、心から御礼を申し上げます。

註
1) これ以外に居宅である可能性が指摘されている遺構が2ヵ所ある。これらは調査範囲が狭く内部構造も明らかでないため、今後の確認をまちたい。
2) 井上唯雄「群馬県における古墳時代の居館跡」『三ッ寺Ⅰ遺跡』群馬県埋蔵文化財調査事業団、1988
3) 群馬県教育委員会『丸山・北田下・中畑・村主・中山B』1988
4) 「城」には、外郭施設そのものを指す場合、それによって囲まれた施設全体を意味する場合、さらに「城司」などの機構を称する場合がある（今泉隆雄「律令と東北の城柵」『秋田地方史の展開』所収、1991）。
5) なお本宿・郷土遺跡については、規模が大きい割に調査の範囲が限られているため不明な点が多いが、井上氏が分類するように城館の範疇に含まれる可能性が強い。
6) 『高殿の考古学』白水社、1990
7) 「三ッ寺Ⅰ遺跡の祭祀儀礼の復原」群馬考古学手帳、2、1991
8) 『芦田貝戸遺跡Ⅱ』高崎市教育委員会、1980
9) この地域での農地と用水の開発、集落形成については能登健氏の研究（「三ッ寺Ⅰ遺跡の成立とその背景」古代文化、42—2、1990）などで詳しく紹介されている。
10) 「5世紀代における集落の拡大現象」古代文化、42—2、1990
11) 梅沢重昭「東国の中心地 上毛野国」『写真探訪ぐんま①』上毛新聞社、1984
12) この2社は現在は群馬郡榛名町に鎮座している。
13) 摂津国皇別に「車持公」があげられている。
14) 各地に設置された車持部を統括する伴造であったが、これも他の5氏には見られない特色である。
15) 平野邦雄「五世紀末の政治情勢」『大化前代政治過程の研究』吉川弘文館、1985ほか
16) 「前橋市総社古墳群の形成過程とその画期」群馬県史研究、22、1985

古代史からみた豪族居館 ■ 大平 聡

宮城学院女子短期大学助教授

（おおひら・さとし）

5世紀代の居館は共同体首長としての首長権行使の場ととらえるべきであ
るが，6世紀になると共同体成員との階級的矛盾が反映されるようになる

律令制国家に至る，古代国家成立過程の究明を
課題とする古代史研究にとって，古墳時代は重要
な考察対象となるべきはずである。しかし，文献
史料上の制約は大きく，いきおい理論的枠組に頼
った論理的考察の比重を高めざるを得ない。この
ような研究方法に対しては，その実証性や，ある
いは依拠する理論的枠組そのものに強い疑問が呈
せられており，残念ながら活発な議論が行なわれ
ているとは言いがたいのが現状である。

一方，近年の考古学の成果には古墳時代におい
てもめざましいものがあるが，とくに重要なの
は，主要な生産遺跡たる水田址と，集落の中にそ
の隔絶した姿を現わす居館址を検出したことであ
ろう。三ツ寺I遺跡の濠の偉容を初めて目にした
とき，古墳時代の集落と古墳を結ぶミッシング・
リンクが発見されたと感じたが，同様の感想をほ
とんどの研究者がもったのではないだろうか。古
墳と集落と水田と居館をセットで考察し得る三ツ
寺I遺跡に強い関心が向けられたのは当然と言え
よう。古墳時代社会究明への期待が寄せられたと
言っても，決して大げさではない。

しかも，その後同種の遺構が各地から報告さ
れ，三ツ寺I遺跡が決して特殊な例ではなく，あ
る程度普遍性をもつことが明らかになるにつれ，
ますます居館址の重要性を感じずにはいられない
のであるが，個別事例の情報を集めることがまず
大きな問題であり，私自身，遠くから眺めている
だけであった。本稿の依頼を受けたときも，文献
の側からの独自の居館址理解など，とうてい示す
ことはできないと思ったが，これまで提出されて
きた考古学研究者の考え方に対する疑問の提示で
もよいと勧められ，この際思い切って勉強を始め
るつもりで引き受けることにした次第である。し
たがって，何人かの方々の論考をノートにとって
読みながら感じた疑問，感想を述べる以上のこと
は出来ないことを，まずお断わりしておきたい。

1 「公的空間」と「私的空間」

三ツ寺I遺跡に続いて同種の遺構がまさに陸続
と発見され，それらが「豪族居館」と呼称される
ようになったのを聞いたとき，何か違和感めいた
ものを感じずにはいられなかった。一つには，三
ツ寺I遺跡に匹敵するか，あるいは凌ぐようなも
のがほとんど見られず，遺構の構造内容によって
は「豪族」という語を冠することに思わず首をか
しげざるを得ないものが少なからずあったことに
よる。しかし，主要な原因は「豪族居館」という
ネーミングそのものにあった。「豪族の居館」，つ
まり豪族の居住空間たることを強調するこの呼称
が，この種の遺構の本質を理解する上に有効であ
るのか，という疑問である。また，「豪族」とい
う語についても，明確な学術的定義がなされてい
るわけではないが，すでにその言葉自体に階級的
支配関係がイメージされているように感じられ，
その点でも疑問をいだかざるをえなかったのであ
る。まずこの点から述べていくことにしたい。

三ツ寺I遺跡について，報告書[1]は，濠内を中
央柵列によって二分し，正殿と考えられる掘立柱
建物を中心とする南半区画を「公的な区画」，現
状では竪穴式建物しか発見されていない北半区画
を首長の「私的・日常的な区画」とする解釈を示
している。この見解は，三ツ寺I遺跡に関する叙
述におおむね共通してみられるものであり，通説
的地位を占めていると言ってよかろう。

かかる居館の二分構造が三ツ寺I遺跡にのみ限
定されるものでなく，当該期（5世紀）の居館の一
般的傾向としてとらえ得ることは，辰巳和弘氏が
類似の遺跡を挙げ，家屋文鏡などの分析を通して
強く主張されるところである[2]。首長墓として前
方後円墳を営み得たような首長層の居館には，か
かる二分構造をその一般的傾向としてとらえてよ
いのではないだろうか。

では改めて，三ツ寺I遺跡の南半区画がなぜ
「公的区画」ととらえられるかと言えば，建物が

当時の東国ではまだ一般的でない掘立柱建物，しかもかなり大規模なものであること，さらにこの正殿的建物に関連して二つの，祭祀遺構と考えられる石敷遺構が発見されていることが主要な根拠となっていると言えよう。つまり，この区画は首長が祭祀を行なう場であり，「祭政一致」のこの時代においては，そここそ「公的空間」と呼ぶにふさわしいという考えが，その根底にあると思われるのである。

それに対し，北半区画から検出されている竪穴式建物は，当時の一般的住居形態と一致するものであることから，それがどのように使われていたかということはほとんど吟味されないまま，南半区画との対照から，首長の居住空間という性格付けをされているように思われる。

そして，全体としては，それが首長の私的所有のもとにおかれているものであり，祭祀をもその中に取り込み，しかも厳重な外郭施設によって集落から隔絶する，かかる構造物を現出し得た首長の強大な「支配力」が指摘されるのである。

ここには，二つの大きな問題が内包されている。一つは，この時代の特色が「祭政一致」であることを強調するあまり，首長権がより幅広い内容をもつものであることが忘れ去られ，祭祀の執行のみが首長の共同体に対する公的営為であり，その他の行為は，首長の私的行為と断定して怪しまない，という結果を生むのではないかという点である。もう一つの問題は，首長の「私的所有」という考え方である。これにはさらに二つの重要な論点が含まれる。一つは，首長と共同体の関係をどうとらえるかという点であり，第一にあげた問題点と連関するものである。もう一つは，「私的所有」ととらえる前提として，個別経営の展開を暗黙のうちに認めているという点である。いわば，首長を最有力の個別経営者としてとらえようとする考え方であるが，例えば三ツ寺Ⅰ遺跡の報告書のまとめの最後の部分で，下城正氏が居館の主を評して「開発領主」としているのも，そうした考えの根強いことを端的に示していると思われるのである。

しかし，古代社会において私的所有，とくに土地の私的所有がどのように生み出されるものであるかは，理論上の重要な論点の一つとされており，また古墳時代の社会に個別経営が認められるか否かという点が論争の対象になっていること

は，言うまでもなかろう。したがって，こうした問題に言及せぬまま，個別経営を自明の前提として行なわれる推論には，その出発点から疑問を呈せざるを得ないのである。項を改め，考えることにしたい。

2 個別経営の成立

居館の主を個別経営主体としてとらえるという立場を，最も明確にしている論考の一つとして，橋本博文氏の研究があげられる[3]。橋本氏は，吉田晶氏が，6～8世紀の村落首長を，最も有力な個別経営を営む家父長であると同時に，宗教的に共同体を支配するという側面を兼備した存在であったと規定している[4]ことを援用し，「先の原之城遺跡等にみた，居宅内祭祀址にその6世紀代の首長の司祭的な姿を垣間見ることができる」と述べている。ここでは，その宗教的権威の側面が強調されているのではあるが，「居宅」という表現が明瞭に示しているように，首長を個別経営の主体とする考えが前提となっていることは明らかである。また，引用部分に示した「原之城遺跡等」という表現が，三ツ寺Ⅰ遺跡をも含むものであることは，居宅内祭祀の項でとりあげられた遺跡が，この二遺跡であることから明瞭である。

吉田氏の説に従う限り，6世紀代の遺跡である原之城遺跡を全面に押し出さねばならなかったのであろうが，三ツ寺Ⅰ遺跡が同一範疇におさめられるのか，すなわち5世紀代後半から，6世紀初頭に存在したこの遺跡が，5世紀的展開の頂点に位置するか，それとも6世紀代の社会の先取り的遺跡であるのか，吉田氏の説に依拠しようとするなら，これは十分な検討をせず，にわかに判断することのできない重要な問題である。と言うのは，吉田氏が，4・5世紀，とくに5世紀代の所有を，「共同体的所有を形式とする首長的私有」ととらえ，6世紀代に初めて共同体内部に相対的自立性を持つ個別経営が成立したとする考えを同時に示されているからである。そして，それにより大きな社会変化，すなわち畿内の大王権力を中心とした政治体制の再編成が行なわれたと説いていることにも注目すれば，三ツ寺Ⅰ遺跡と原之城遺跡を安易に同一視することには，慎重であるべきと言わざるを得ない。もっとも，5世紀と6世紀との間に断層を見いだそうとすること自体は，考古学研究，とくに古墳研究から指摘されてきた

ことであり，その点からも三ツ寺Ⅰ遺跡と原之城遺跡については，類似性だけでなく，相違性を考えることこそ必要ではないかと思う。私は，原之城遺跡にみられる，明らかな防禦施設，土塁の存在が，6世紀の居館としての本質を示し，三ツ寺Ⅰ遺跡との違いを主張していると考えている。また，三ツ寺Ⅰ遺跡について言えば，保渡田3古墳との対応を考えざるを得ない限り，5世紀的居館のもっとも発展した形態ととらえるべきであると考える。

さて，吉田氏の言う「首長的私有」とはどのような概念かと言うと，氏自身これを説明して，「共同体的結合を人格的に体現するという形式を引き継ぎながら，実質的には共同体所有を首長の私有に転化している」所有と定義されている。根本にあるのは共同体的所有であり，個別経営が未成立とされている以上，これを「首長の個別経営」，「首長の私的所有」と等置することはできないのである。

5世紀代の居館は，何よりも共同体の首長の居館として，首長と共同体成員との関係においてとらえられねばならないであろう。首長の私的所有の展開が首長権の強化をもたらし，首長の階級支配の拠点として，5世紀的居館が三ツ寺Ⅰ遺跡に最高の発展形態を見せる，という理解には根底からの疑問を呈せざるを得ないのである。

3 私的所有としての「宅地」論

吉田氏の見解が一つの作業仮説であることは言うまでもなく，居館が首長の私的所有に基づく，個別経営の所産であることが積極的に証明されるなら，それはそれとして吉田説と対等な作業仮説となり得ることもまた言うまでもなかろう。

そうした考えの基礎となるのが，居館の発生を首長の宅地の成立ととらえる見方であろう。弥生時代の環濠集落と異なり，集落の内部を方形に区画して成立する居館の初源形態に，その内部施設の集落全本との等質性から，「遺構によって確認される最初の宅地」5) という位置づけが与えられることは自然な解釈のようにも思われる。中山晋氏によって報告された栃木県における居館址の展開過程6)に，まさにそうした居館の成立事情を示すものと言えるかもしれない。

宅地の私有を契機に首長による土地所有が進展し，確立された経済基盤に基づく拡大再生産が首長の経済的支配力，すなわち階級的支配力を強化せしめ，首長権の強化をもたらす。そのもっとも発展した形態が，首長の居宅内に祭祀の場，首長権のもっとも重要な機能を行使する場を独占する三ツ寺Ⅰ遺跡に見られるという論理展開は，それなりに説得的である。

しかし，こうした考えを実際に発見されている遺構・遺跡に即して証明していこうとするなら，少なくとも数世代にわたって発展的な展開を見せる居館址が示されなければならないであろう。ところが，これまでに発見された居館址は，むしろその特色として存続期間の短期性が指摘されており，唯一例外的に3代または2代にわたったと言われる三ツ寺Ⅰ遺跡も，土器の編年からその居館として機能した時期を，5世紀末から，6世紀初頭のごく限られた短い時間幅の中でとらえるべきであるという見解7)が示されている。つまり，一遺跡（居館）・一首長という関係をこそ，居館理解の大前提におかねばならないと考えられるのである。ただし，それには集落そのものの短期性をも考慮せねばならないと考えるが，それにしても，最も発展した形態を示すと考えられる三ツ寺Ⅰ遺跡においてさえ，短期性を考えねばならないということは，やはり，居館を首長の「宅地」，「居宅」とすることに根本的再検討をせまるものと言わざるを得ないであろう。

居館を首長の居住空間の展開とみる見方に対し，もう一つ述べておかなければならないことがある。それは，首長権の内容をどう考えるのかという点である。本稿のはじめの方で触れた第一の問題，すなわち古墳時代を「祭政一致」の社会ととらえ，首長権の内容を，結果的に祭祀執行権に限定してしまうような考え方をここで検討することにしたい。

辰巳和弘氏は，祭祀，それも共同体祭祀の執行の場が内部施設として組み込まれていることが，居館として認められるか否かのメルクマールになるという立場から，祭祀遺構を欠く遺跡を居館とは認めないという見解8)を示している。しかし，氏が鳥取県長瀬高浜遺跡において，祭儀用の建物がほぼ同一の場で3回建て替えられていることを，3代の首長による造替ととらえ，そこに「古相」が見られると指摘されていることを合わせ考えると，三ツ寺Ⅰ遺跡のあり方は，祭祀が首長の深くかかわる場に取り込まれた，首長権の強化に

ともなって新たに生まれた形態ととらえることができるのであり，より古い段階では，祭祀の場が，共同体全体につながる形態で存在していたと考えられるのである。かかる段階の居館に祭祀の場が欠如していることはなんら不思議なことではなく，むしろ当然のこととさえ言えるのである。したがって，祭祀の場が確認できなければ首長の居館とは言えない，逆に言えば，祭祀の場以外は首長の私的空間である，という考えに同意することはできないのである。

祭祀の場以外を首長の私的空間とみることについては，三ツ寺Ⅰ遺跡に関する諸氏の見解に明らかである。北半区画から発見された金属工房を「私的工人」の活動の場ととらえたり，あるいはその居住者を「従者」，「居宅内隷属民」とするのは，遺構・遺物に即して出された結論ではなく，首長の私的空間とみる解釈から導き出された評価であり，確たる根拠をもつものではない。こうした居宅内の生産遺構については，別に，これを首長によって管理され，共同体の再生産のために必要な非自給物資を供給した製作工房とする解釈9) が示されており，こちらの方が首長の機能，共同体成員から期待される首長の権能を視野におさめた妥当な解釈と考える。

小笠原好彦氏は，こうした解釈から，居館を，「首長権を行使する際の中心となる場」ととらえなおそうとしている10)が，私もこの考えを支持したいと思う。三ツ寺Ⅰ遺跡について言えば，全体を首長権の行使にかかわる「公的空間」と理解して何ら問題はないと思う。内部が二区画に分けられ，とくに祭祀空間が厳重な外郭施設に囲繞されているのは，祭祀が共同体の存続に根源的保証を与えるものと認識された当該社会の所産と考えるべきであろう。首長の居館に取り込まれる以前から，すでにそれが共同体成員の目から遮断されて存在した可能性の高いことは，長瀬高浜遺跡の例が何よりも雄弁に語っていると考えられるからである。

5世紀が，全国的規模で「開発の時代」ととらえられるなら，耕地開発の推進主体として共同体の先頭に立つ首長には，土木技術，治水灌漑技術，それを可能にする物的保証，とくに鉄製耕起具の安定的供給と労働力維持のための余剰生産物の蓄積・管理，そしてそれを外護して実現を約束する神への祭祀とが，共同体成員から期待された

と考えて問題なかろう。それが首長権強化の歴史的内容であり，それを梃子にして，首長が共同体成員に対する階級的支配に転じるのは，6世紀以降のことであったと考えられる。

4 ヤマト王権との関連

最近，古墳時代に現われる現象が，地域的なレヴェルにとどまらず，全国的規模で，しかも同時的に認められることが指摘されており，その理由を，ヤマト王権との関係から説明しようとする傾向があることについて，ここで触れておかねばならないであろう。居館の発生とその展開についても，こうした流れの中でとらえようとする方向性がうかがえるからである。

日本の古代国家が，結果としてヤマト王権を核として形成されていったことは否定しようもない事実であるが，問題はその道筋をどう考えるかということであろう。変化の源泉を，ヤマトの王権に一元的に求めることが，果たして唯一の正しい理解と言えるのであろうか。

ヤマトの大王と，全国各地の首長層との間に，広範に，直接，間接の関係が結ばれていったことは認められよう。それを，ヤマトの大王からの一方的設定としてすませていた研究段階は，もはや遠い過去のこととなっているのではないか。在地社会の，共同体と首長の関係に社会変動の源泉を求め，その総体としての歴史像を構築しようとする現代の古代史研究からすれば，首長層からの，ヤマトの大王への自発的・積極的接近をこそ，前面に据えて考えるべきであろう。6世紀にはいって，汎列島的規模の政治的秩序が構築されていった原因は，叙上の考察をふまえるなら，共同体の首長が，階級的支配者に転化して共同体成員に立ち向かおうとしたときに顕在化することとなった，在地社会の諸矛盾から説明されるべきではないだろうか。変化の統一性は，それが特定政治権力からの強制の結果ではなく，在地社会の均質性を示すものであると，私は考えている。

5 一首長・一居館・一古墳

最後に，居館の一代性から指摘される問題について触れることにしたい。

居館の一代性が明らかにされたことによって，古墳と集落との関係がますます有機的にとらえられるようになったことは，居館址発見のもたらし

た大きな成果と言えよう。三ツ寺Ⅰ遺跡周辺での
ケース・スタディ[11]の注目されるゆえんである。

しかし、それでは何故一代性のものであるかということに関しては、これまでのところ、明確な解答が与えられていないように思われる。死後の首長の霊魂の居館たる古墳が一代一基であるから、生前の首長の居館も一代ごとに構築されたという説明は、では何故古墳が一代ごとに造営されるのかと問い直されたとき、答えに窮するであろう。両者を首長のための施設と考えるなら、古墳から考えるのでなく、むしろ居館が一代性のものとして存在したからこそ、古墳もまたそうならざるを得なかった、という視点も考慮されるべきであろう。歴代首長を連綿と埋葬し続けた弥生墳丘墓が、一代一基の高塚式墳墓に展開する過程は、弥生環濠集落が居館に展開する過程と連動している可能性を、十分考えねばならないであろう。

それでは、何故、居館は一代性をその特質とするものであったのだろうか。一つ考えられることは、首長の共同体に対する機能がより重要性を加え、首長権が強化されていくにつれ、共同体の体現者としての普遍性の上に、首長の人格が強く認識されるようになったのではないかという点である。共同体の首長としての連続性に、人格という、他に代置できない個別性が認識されるようになったとき、個々の首長の首長権行使の場が共同体の内部に用意されるようになった、それが居館ではなかったろうか。

ところで、居館の一代性は、従来首長墓の一代性から指摘されてきた、首長権の「輪番的移動」という考え方をより可能性の高いものとしたという見解がある。その根幹に居館を首長の住居とする認識があることは、とりあえずここでは問わないこととして、最後にこの点について述べ、本稿をとじることにしたい。

「輪番的移動」あるいは「輪番制」という表現の意図するところは、血縁原理による直系（単系）継承の未確立を指摘しようとするところにあると思われるが、「輪番」という語の本来的意味からすれば、そのような意味で使おうとすることには無理があり、「牧歌的」と批判されても[12]いたしかたないところであろう。しかし、その意図するところ、すなわち、血縁原理による直系継承の未確立という点では、支持されるものと思う。ただし、居館の一代性ということだけからそれを言う

ことはできず、また継承原則をそこに求めることも不可能である。

今、この問題を考える上に最も重要な手がかりとなるのは、小笠原好彦氏によって指摘された、一古墳から発掘される一組の家形埴輪群の、製作技法上から確認される二分性[13]であると考える。古墳を首長権継承の場ととらえ、かかる現象から、前首長と新首長の合作によって、首長居館が墳丘上に再現されたことを論証し、製作技法上の相違に新旧両首長の母集団の違いを読み取ろうとする氏の姿勢を、私は継承したいと思う。新旧両首長の母集団が、「家族」あるいは「一族」なのか、それとも共同体単位のものなのか、首長墓を経営する首長がその配下に複数の共同体をおいている、つまり共同体（首長）の重層的構造が一般に認められるなら、後者の可能性を大とすべきであろう。この問題を考えるためには、「一族」の形成、「家族」の成立をも考える必要があるが、前述来の、6世紀の社会変動を考察する中で解答が与えられる可能性は高いと考える。

4～6世紀史を叙述する上で必要なのは、共同体と首長との関係を基本に据えて考えるという研究姿勢だということを確認して本稿の結びとしたい。

註
1) 群馬県教育委員会ほか『三ツ寺Ⅰ遺跡』1988。なお、「第Ⅹ章　まとめ」の執筆担当者は下城正氏である。
2) 辰巳和弘『高殿の古代学』1990
3) 橋本博文「古墳時代首長層居宅の構造とその性格」『古代探叢Ⅱ』1985
4) 吉田　晶『日本古代村落史序説』1980
5) 小笠原好彦「豪族居館が語るもの」季刊考古学, 16, 1986
6) 中山　晋「栃木県における豪族の居館」考古学ジャーナル, 289, 1988
7) 坂口　一「5世紀代における集落の拡大現象」古代文化, 42—2, 1990
8) 註2）に同じ。
9) 広瀬和雄「大阪府における豪族の居館跡」考古学ジャーナル, 289, 1988
10) 小笠原好彦「西日本の豪族居館」歴博, 45, 1991
11) 能登　健「三ツ寺Ⅰ遺跡の成立とその背景」古代文化, 42—2, 1990, および坂口　一註7）論文。
12) 都出比呂志「日本古代の国家形成過程」日本史研究, 338, 1990
13) 小笠原好彦「家形埴輪の配置と古墳時代豪族の居館」考古学研究, 31—4, 1985

特集●古代の豪族居館

中世の社会と居館

国立歴史民俗博物館 千田嘉博
(せんだ・よしひろ)

中世居館の変遷は，14世紀後半～15世紀と16世紀に起きた村・都市など中世社会の構造変化を反映していた

　本稿は，中世の居館の変遷を村落や社会構造の変化とあわせて跡づけ，14世紀後半～15世紀と16世紀代の，中世社会の2つの画期を確認する。そして居館から，中世社会を検討する視点を提示する。

1　中世居館の発生をめぐって

　文献史学の立場から，中世前期の居館を論じたものに，小山靖憲氏・石井　進氏の論考がある。小山氏は，中世前期の東国の村落を中心に，堀と土塁を巡らした在地領主の居館「堀の内」があり，その堀は村の田畑の灌漑用水の起点になっていた，とした[1]。

　また石井氏は，鎌倉武士の所領支配の実態を，A・B2重の円によって図式化した（図1）。円Aが領主直営の田畑，外円Bが開発領主が地頭として支配している地域単位を表わす。円Aの中核には，一辺が100～200m程度で，周囲に堀や土塁を巡らした四角形の「開発領主」の屋敷があった。

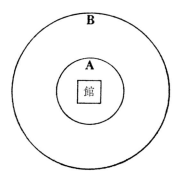

図1　鎌倉武士の所領支配モデル
（石井進『鎌倉武士の実像』より）

その内部には領主や家族・従者の住む家屋，下人の小屋，馬を飼う厩，鍛冶など手工業の作業場，収穫物を貯蔵する倉庫などがあり，厳重に警備された要塞のようになっていた。そして円Aの周辺部の直営田畑は，しばしば館の敷地と同じく「堀の内」と呼ばれた，とした[2]。

　こうした文献史学からの理解に対し橋口定志氏は，居館の発掘成果から，東国の中世前期の居館には，大規模な堀や土塁はなく，それが出現するのは中世後期に降る。それ故，「堀の内」を中心とした，従来の居館の理解は成り立たない，と批判し，「堀の内」は広い範囲の塁堀の内側を呼んだ，として再評価を試みた[3]。

　橋口氏が指摘したように，東国では中世前期の段階で，大規模な堀や土塁を巡らした館は成立しておらず，中世後期の館像をもとに中世前期を考えていくのは問題があるだろう。しかし，広瀬和雄氏の研究によれば，畿内の平野地域では，12世紀末に，条里地割をベースにして堀と土塁を巡らした館が出現していた[4]。また丘陵地でも，堀と土塁を巡らした，大内城のような館が現われていた[5]。

　広瀬氏によって畿内の館の発生と条里地割の展開が密接に関係することが明らかにされたことは重要である。条里と館・城下の関係は，中世前期にとどまらず，中世後期まで深く，その発達を規制し，地域性を生みだしていった要因の一つと考えられるからである[6]。

　今後，なぜ東国で，堀と土塁を巡らした館の成立が畿内より遅れるのか，またそれは古代～中世

の村落形成過程のいかなる違いに起因するのか，究明していくことが必要だろう。

そして全国各地で，大規模な堀と土塁をもつ館が出揃ってくるのが，14世紀の南北朝期以降である。南北朝期は，全国的な争乱の中で，千早・赤坂城のような[7]，日常的な政治性や居住性をほとんど考慮しない，天険の山城がつくられた時期でもある。つまり日本列島での本格的な山城の出現と期を一つにして，平地居館の防御性も顕現するのである。そしてこの時期以降，館の立地も多様化する。

2 南北朝・室町前期の居館と村落

南北朝期以降，平地に広く，防御性を備えた居館が出現するだけでなく，丘陵にも居館が現われてくる。最も特徴的なのは，馬蹄形の尾根につつまれた窪地を利用した館である。越智館（奈良県）[8]，駿河丸城（広島県）（図2）[9]などが代表である。これらは本来，馬蹄形の尾根の上を館の主体部とするのではなく，それにかこまれた，中央の窪地Aを屋敷地として機能させていた。

村田修三氏によると，こうした館は，自然地形を防壁に利用している点で，たんに平地から高所に移るというだけの場合よりも防御性を考慮しているが，その防壁の土塁としての整形が進まず後方に対する防御の不十分な段階を示唆する，という[10]。馬蹄形の尾根に守られた館城は，大瓜城（宮城県）や日知屋城（宮崎県）など，東北や南九州にも認められ，広く列島各地につくられたと考えられる。そして，このような単純な館でない，一定の城郭的要素を合わせもつ館的城郭を，「館城」と呼ぶ。

このタイプの館城はその後，背後の土塁上を曲輪化することで，より城郭化し，戦国期まで使用されつづけた。適切な発掘調査が行なわれれば，館城プランの変遷を鮮やかに復元することができるだろう。今後の調査に期待したい。

室町前期の居館に，文献史料と現地踏査・地籍図分析などを駆使して迫ったのが，小島道裕氏である。小島氏は滋賀県湖東地域で，平安期以来，寺院権門の荘園領主のもとで，村落を基礎に領主制を形成してきた土豪の居館を事例に検討を行なった。彼らの居館の多くが，後に真宗寺院に転化していることに着目し，寛正6年（1465）の山門による本願寺破却と蓮如の近江入りを契機に，土豪たちが真宗寺院化することで，はじめて荘園領主から自立し得たことを明らかにした。

そしてその後，真宗寺院が土豪として存続し，村を編成するものや，土豪としての性格を失い惣と融合し，環濠集落をつくっていくものなど，多様なコースがあったことを示した[11]。

こうした中世の環濠集落の発掘事例としては，法貴寺遺跡（奈良県）[12]，十六面・薬王寺遺跡（奈良県）（図3）[13]や梅原胡摩堂遺跡（富山県）[14]がある。いずれも14～15世紀にかけて，集落の環濠が形成されていることが注目される。また，法貴寺遺跡では，環濠が集落全体を大きく囲むというより，一辺50m四方の屋敷地ごとに大溝が巡ることが重要である。いわば環濠屋敷の集合体として，環濠集落が形成されているのである。同タイプの集落構造は，本告牟田遺跡（佐賀県）[15]でも認められ，やはりその形成時期は，14～15世紀にかけてであった。

こうした環濠集落の形成は，古代以来の散村から集村へという，この時期に大きく進展した，集落構造の転換[16]を背景としていた。ここでは詳しく言及できないが，転換は集落だけでなく，生産

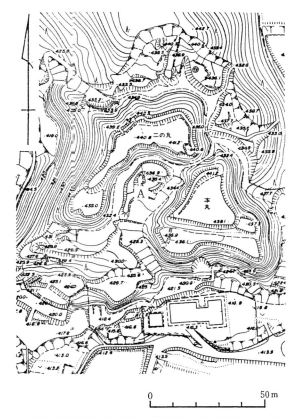

図2 駿河丸城（小都隆ほか編『史跡吉川氏城館跡』より）

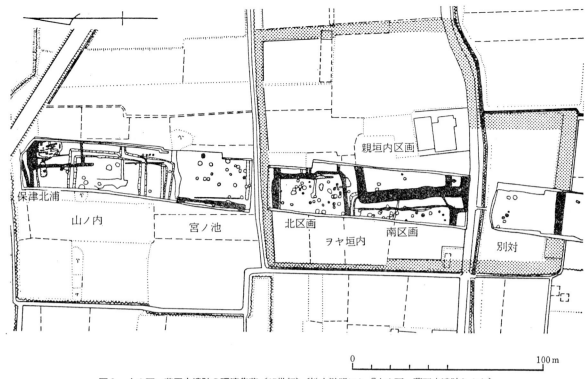

図3　十六面・薬王寺遺跡の環濠集落（15世紀）（松本洋明ほか『十六面・薬王寺遺跡』より）

構造や中世的な都市空間の成立の転換点でもあった。たとえば，草戸千軒町遺跡は，13世紀後半〜14世紀初頭には町場的機能をもつ集落であったが，14世紀代に市場として拡大・変化したと解釈される[17]。

まさにこの14世紀後半〜15世紀が，居館・村・都市などが変化する，社会構造の大きな画期であったのである。この変革を，考古学から認定される，室町期社会体制の成立と呼んでよいだろう。居館の変化も，こうした村落・都市空間の変化に伴ったものなのであった。

さらに，ここで注目すべきなのは，14〜15世紀にかけて形成された集落が，必ずしも戦国・近世を経て，現在の集落につながるものではなかったことである。法貴寺遺跡では，15世紀前半までには検出された環濠屋敷は廃絶し，集落は現在につづく西へ移転していった。十六面・薬王寺遺跡では，集落は16世紀初頭には衰退し，ついには近世の保津環濠へ移転してしまう。また，本告牟田遺跡では，15世紀末には14世紀起源の集落域は活動を停止して墓地となり，やはり村落は移転していた。

佐藤公保氏が中世清須（きよす）（愛知県）周辺の村落で追究した，古代末〜中世前期以来の集落が，15世紀後半代に鮮やかに消滅していく姿は，まさに尾張の特殊事情ではなく，全国を襲った，第2の社会構造の変革なのであった[18]。勿論，14世紀代から形成された集落が16世紀以降の集落に，直接つながるものもあるだろうが，それも戦国期に，大きな変容を受けたとみて，まちがいない。居館と村の構造を変化させた，2つめの画期が，戦国期にあったのである。この変革を，考古学から認定される，戦国期社会体制の成立と呼んでよいだろう。

3　戦国・織豊期の居館と村落

戦国期の居館は，地表面観察によって概要が把握できるので，この方法を活用した研究が有効である。村田修三氏は奈良県の戦国期の小規模な館と村の関係を，現地遺構から分析した。そして環濠集落には，土豪を主体とし，その館を中心に環濠が形成された土豪型環濠集落，惣を中心として環濠が形成された惣村型環濠集落，国人領主の城下町形成によってつくられ，総構えに囲われた国人型集落の三類型があることなどを明らかにした[19]。

多田暢久氏は村田氏の研究を受けて，小領主による一揆地帯と，国人領主の支配地域では城館の構造や立地，分布に違いがあることを示し[20]，田

村昌宏氏は発掘成果にもよりながら，一揆地帯の城館の分類を試みた[21]。多田・田村氏の研究は確かに，城館そのものの分析は進展させたが，城館をとりまく村落と合わせみていく視点は，希薄になった。

これは1980年代の城館研究が（研究を進展させるのに必要な段階だったとはいえ），縄張り研究に傾斜していったことと，不可分の関係にある。城館研究者は近年の，「村の城」論[22]などを遺構研究の視座から，受けとめる必要があろう。そこで，滋賀県甲賀郡を事例に戦国期の居館と村落の係わりを検討する。

ここは戦国期に甲賀郡中惣と呼ばれる，地域的一揆体制をつくりだし，村落領主による居館が，最も徹底して築かれたところである。この地域を中心にした城館のあり方は，村落との関係から5つの類型に分けられる。それぞれ築城主体と村落民の関係の違いを，的確に反映したものと考えられる[23]。

まず，基本タイプとして，村の中に居館が1つあるものがあった。そして築城主体が武士化（モデルⅠ）のコースを採ったとき，城館を頂点として，内・外の堀で身分別の居住域を編成したり，館と村を総構えで一体化するもの（モデルⅠ―a）や，各村落領主が在地を離れ，惣領家の元に結集して，農民の村落的結合に対決した，惣領家の城とセットになる館城群（モデルⅠ―a'）がつくられた。

これとは逆に，築城主体が惣村連合（Ⅱ）のコースを採ったとき，第1段階として，村落内に等質的に複数の館（モデルⅡ―a）が築かれ，第2段階には，築城主体と村落民の一体的な結びつきがより強化され，構成員が均質に守られる環濠集落（モデルⅡ―b）が形成された（図4）。

このように，戦国期の居館は多様な姿を示した。これらを個々の居館からだけではなく，居館と寺社・墓地，市場・流通などの経済活動，権力特質・生産性の地域性，などの問題と組みあわせて，当時の社会構造を解明していくことが必要だろう。そして，村の居館と戦国大名クラスの大規模城郭は分離してではなく，一体的に研究しなければならない。

たとえば織豊期の愛知県岩崎周辺の居館は，大字を単位として均質に分布していたが，すでにそれらは個々の居館と村という関係に留まることが

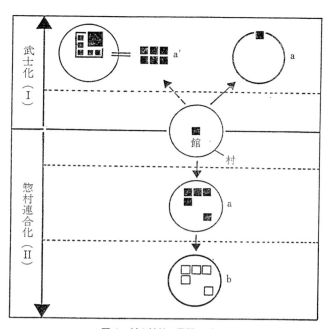

図4　村と城館の展開モデル
（千田嘉博「村の城館をめぐる五つのモデル」より）

できず，尾張国の領主織田信雄の支城として位置づけられた，総構えを持つ大型城郭，岩崎支城の領内末端在地機関としての性格を色濃くしていた。

各居館に付随する市場も二次的存在にすぎず，地域の中心地機能は，支城城下町にほぼ収斂されていた。整然とつくられた岩崎支城領の居館分布の完成は，同時にそれを必要とした，中世的世界の終焉を示すものであったのである[24]。こういった大規模城郭と小規模居館が織りなす社会構造は，居館だけの，あるいは大規模城郭だけの視座では，見抜くことはできないだろう。

4　おわりに

中世の居館から明らかにしていくべき世界は，大きく広がっている。しかしきわめて憂慮すべきなのは，地表面から発見困難な中世前期の居館はもとより，確かに大地になお，痕跡をのこす，中世後期の居館さえもが，今，急速に失われつつあることである。いずれも四角い，ありきたりの平地居館は，「日本最大」でも，「日本初」でもない。だからこそ重要な，地域に密着した居館から，いかに実り豊かに中世を読みとるかを，示すことが急務である。1991年8月3・4日には奈良大学を会場に，第8回城郭研究者セミナーが，小規模城館をめぐるシンポジウムを行なう。新たな議論の深まりが期待される。

註
1) 小山靖憲『中世村落と荘園絵図』東京大学出版会, 1987
2) 石井　進『鎌倉武士の実像』平凡社選書108, 平凡社, 1987
3) 橋口定志「中世居館の再検討」東京考古, 5, 1987,「中世方形館とその周辺」日本史研究, 330, 1990。橋口氏の「堀の内」論に対しては, 論拠とする文献史料からみて成立しないとする, 峰岸純夫氏の批判がある（峰岸純夫・広瀬和雄・橋口定志「鼎談・中世居館」季刊自然と文化, 30, 1990）。
4) 広瀬和雄「中世への胎動」『岩波講座日本考古学』6巻, 1986,「中世村落の形成と展開」物質文化, 50, 1988
5) 伊野近富ほか『大内城跡』京都府遺跡調査報告書第3冊, 京都府埋蔵文化財調査研究センター, 1984
6) 前川　要・千田嘉博・小島道裕「戦国期城下町調査ノート」『国立歴史民俗博物館研究報告』32集, 1991
7) 現在地表面から観察できる両城の遺構は, 戦国期に改修されたもので, 創築期の姿ではない。南北朝期の山城構造を扱った論文には, 角田　誠「近畿地方における南北朝期の山城」（村田修三編）『中世城郭研究論集』新人物往来社, 1990がある。
8) 越智館からは, 14世紀代を初源とする瓦器碗の出土が, 白石太一郎氏によって報告されており（白石太一郎「越智氏居館出土の瓦器」古代学研究, 85, 1977）, プランから推測される年代観とも一致する。
9) 駿河丸城については, 周辺城館と共に, 近年詳細な測量調査が行なわれている。小都　隆ほか編『史跡吉川氏城館跡　保存管理計画策定報告書』吉川氏城館跡保存管理三町連絡協議会, 1990
10) 村田修三「中世の城館」『講座・日本技術の社会史』6巻・土木, 日本評論社, 1984
11) 小島道裕「平地城館址と寺院・村落」（前掲註7文献所収）
12) 今尾文昭ほか「法貴寺遺跡発掘調査概報」（奈良県立橿原考古学研究所編）『奈良県遺跡調査概報』第二分冊・1986年度, 1989
13) 松本洋明ほか『十六面・薬王寺遺跡』奈良県立橿原考古学研究所, 1988
14) 安念幹倫ほか『梅原胡摩堂遺跡・東海北陸自動車道関連発掘調査概報(1)』富山県文化振興財団, 1990
15) 八尋　実ほか『本告牟田遺跡・的小渕遺跡』神埼町教育委員会, 1986
16) 金田章裕『条里と村落の歴史地理学的研究』大明堂, 1985
17) 前川　要「日本中・近世の都市と村落」富山大学人文学部紀要, 17, 1991
18) 佐藤公保「清須周辺の中世村落」『清須―織豊期の城と都市―』研究報告編, 東海埋蔵文化財研究会, 1989。この中で佐藤氏は, ある地域の村落の消滅と城下町清須の出現を, 直接関連づけて評価するが, 両者の関係は直接的にではなく, 室町期社会体制の崩壊→戦国期社会体制の成立→新たな政治的・経済的要因による都市の成立, といった相互に関連しあう段階的関係と, 捉えるべきだと思われる。
19) 村田修三「城跡調査と戦国史研究」日本史研究, 211, 1980
20) 多田暢久「城館分布と在地構造」（前掲註7文献所収）
21) 田村昌宏「中世城館と惣国一揆」（前掲註7文献所収）
22) 藤木久志『戦国の作法』平凡社選書103, 平凡社, 1987,「村の隠物・預物」『ことばの文化史』中世1, 平凡社, 1988
23) 千田嘉博「村の城館をめぐる五つのモデル」年報中世史研究, 16, 1991
24) 千田嘉博「尾張国における織豊期城下町網の構造」（前掲註7文献所収）

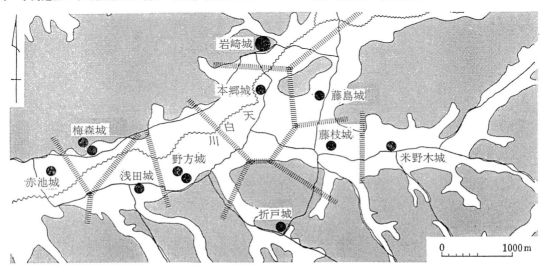

図5　岩崎支城領中心部の居館分布（千田嘉博「尾張国における織豊期城下町網の構造」より）

琵琶湖底に沈んだ貝塚
大津市粟津湖底遺跡

調査区全景（南東から）　関西航測株式会社撮影
北区調査区から第3貝塚が検出された。
中心貝塚は北区調査区の70m西にある。

第3貝塚全景（北東から）
表面に見える縞が堆積状況を示している。

第3貝塚全景（東から）
関西航測株式会社撮影

1980年から始まった潜水による試掘調査では、淡水貝塚としては全国最大級の規模を有することが判明した。1990年には、この中心貝塚を東に約70m離れた地区を鋼矢板で囲って発掘調査を行なったところ、第3貝塚が発見された。水深2〜3mの琵琶湖底に水没していたことによって、貝塚には堅果類を中心とする植物質食料の残滓がほぼ完全に遺存していた。

　　　構　成／伊庭　功
　　　写真提供／滋賀県教育委員会
　　　　　　　（財）滋賀県文化財保護協会

貝塚内の獣骨出土状況

貝塚断面
貝層中に黒く見える部分は堅果類の種皮の堆積。

大津市粟津湖底遺跡

貝塚断面（手前は船元式土器）牛嶋　茂撮影

早期包含層の土器出土状況（大川式土器）牛嶋　茂撮影

縄文後・晩期の環状列石
安中市天神原遺跡

群馬県安中市天神原遺跡では縄文時代後・晩期の環状列石と集落址が検出された。環状列石は配石墓が集中する内円部と、方形柱穴列が存在する周溝と、土塁状の周堤帯から構成される。また、周溝中に存在する石棒祭祀遺構では石皿・石棒・球石などの特殊遺物が集中して検出され、縄文人の精神文化を解明する上で重要である。

構 成／大工原 豊
写真提供／安中市教育委員会

環状列石全景

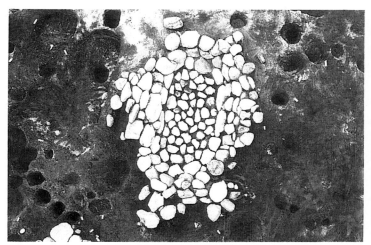

南西部周溝中の配石墓

内円部の配石墓

環状列石と妙義山

立石復元状況

石棒祭祀遺構

安中市天神原遺跡

将棋駒状巨石と石棒出土状況

立石の正面に存在する埋設土器

● 最近の発掘から ────────────────────

湖底に沈んだ縄文中期の貝塚──大津市粟津湖底遺跡

伊庭 功 （財）滋賀県文化財保護協会

　琵琶湖は近江盆地の中心に位置する。周囲の山々から集めた湖水は，唯一の流出河川である南端の瀬田川から淀川を経て大阪湾に注いでいる。この琵琶湖の南端，瀬田川への流出口付近に粟津湖底遺跡がある。

　粟津湖底遺跡（粟津貝塚）は大津市粟津中学校の東方沖合300m，県立瀬田漕艇場の岸壁から320m西方にある。琵琶湖の平均水位は海抜84.371m（T.P.）であるが，遺跡は水面から2〜3mの深さにある。

　この貝塚は，1952年に藤岡謙二郎氏によって発見された。藤岡氏は，地元の漁師が粟津中学校沖から獣骨類とセタシジミの貝殻を引き上げたことを知らされ，湖底に水没する貝塚の調査を行なったのである。当時の琵琶湖は透明度が高く，水面からの観察で貝層の広がりが観察できたようで，素潜りで遺物採集された。そして湖底に沈んだ縄文時代前期から中期の土器を出土する貝塚であることを明らかにされた。

1　周辺の遺跡

　瀬田川流域は，近江盆地で最も古くから人が生活した痕跡を残している地域である。東岸の田上山地からはナイフ形石器・有舌尖頭器が採集されているのを始めとして，瀬田川川底の唐橋遺跡からは有舌尖頭器・断面三角形の石錐，同じく瀬田川川底の蛍谷遺跡からはナイフ形石器・柳葉形尖頭器が出土している。しかし現在までのところまとまった旧石器時代の石器群や，草創期に属する遺物群は出土していない。これらに続いて，縄文時代早期初頭に粟津湖底遺跡，早期後半には同遺跡から2.5km下流の東岸にある石山貝塚が形成されはじめる。これら2つの貝塚のほかに，押型文土器が散布する唐橋遺跡と蛍谷遺跡（共に川底遺跡），早期から前期にかけて形成された小貝塚であり，石山貝塚のキャンプサイトと考えられてきた蛍谷貝塚が存在する。粟津湖底遺跡は最も長く存続し，後期まで継続するが，以後瀬田川流域から縄文人はその足跡を断ち，穴太遺跡・滋賀里遺跡など琵琶湖の南湖西岸，比叡山地東麓に移っている。

　このように瀬田川流域は縄文時代の人々が長期にわたって生活領域を維持した地域である。そして粟津湖底遺跡はその中核的集落であったと考えられる。

2　調査の経緯

　藤岡氏の調査以後，遺跡は湖底にあるので長い間調査のメスは入れられなかった。粟津湖底遺跡が再び調査されるのは1980年である。文化庁からの委託で田辺昭三氏を団長とする調査団が，遺跡確認法の調査研究のフィールドとして粟津湖底遺跡を潜水調査した。この時開発された潜水調査方法を受けて，滋賀県教育委員会と（財）滋賀県文化財保護協会は数次にわたって遺跡の範囲確認調査を行なってきた。その結果，本貝塚が全国最大級の淡水貝塚であり，遺跡の開始時期が早期にまでさかのぼることが明らかにされた。

　今回の調査は，琵琶湖総合開発事業の一環として実施される南湖航路浚渫工事に伴うものである。範囲確認調査の結果をうけて，航路計画は中心貝塚を避けて東に変更した。遺物の分布範囲2カ所を鋼矢板で湖底を囲い，排水・陸化して発掘調査を行なったものである。

　調査は1990年6月に始まり，1991年3月現在も継続中である。

3　遺跡の状況

　中心貝塚（第1貝塚・第2貝塚）の西には南北に延びる谷があり，遺跡存続時期の琵琶湖の位置を示していると考えられる。つまり旧琵琶湖は現琵琶湖の西寄りにあったと推定され，中心貝塚は旧琵琶湖の東岸に位置することになる。

　貝塚は琵琶湖の東岸肩部の微高地のうえに立地している。中心貝塚は東西約100m，南北約70mの範囲に2つに別れて広がっている。遺跡の存続期間は縄文時代中期前半をピークとして，早期初頭から後期にわたっている。このうち貝塚が形成されていたのは早期から中期前半までである。

　この中心貝塚の周辺にはさらに貝塚が散在していることが確認されており，今回検出された貝塚（第3貝塚）もそのうちの一つである。

4　発掘調査の概要

　今回の調査では，計画航路内の遺物分布範囲について2カ所の調査区を設けた。貝塚が検出されたのは北方の調査区である。ここでは北区調査区について概要を紹介する。

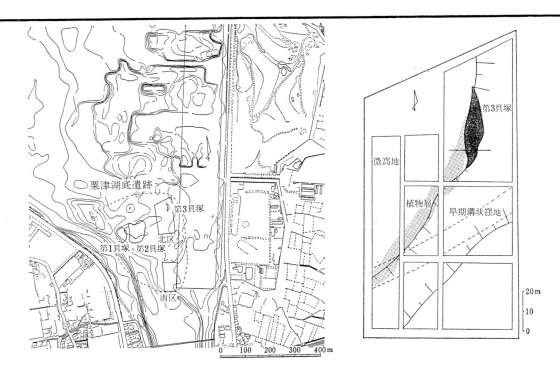

粟津湖底遺跡周辺地形図と北区遺構概略図

　この調査区では北西隅に微高地の一端がかかり、この東斜面に長さ約35m、幅約10mにわたって三日月形に貝塚が検出された。貝層は微高地側から順に斜層理状に堆積しており、貝層間には砂層、植物層がはさまれている。また貝層のさらに微高地側（下層にあたる）には貝を含まない植物層のみが砂層と互層になって厚く堆積している。

　この植物層は水中に没していたために、"純植物層"とでも言うべき良好な状態で遺存していた。詳細な分析はまだ行なっていないが、ドングリ類、トチ、クルミ、ヒシを中心とし、ほとんどが堅果類で構成されている。したがってこの植物層は貝塚と同様に食料滓として人為的に投棄され、堆積したものである。このように貝塚で植物食料の残滓が良好な状態で検出されたのは全国的にも珍しく、貴重な資料であるといえよう。

　貝層は90％以上をシジミが占めており、その他タニシ、カラスガイ、イシガイなどがある。脊椎動物ではシカ、イノシシ、サル、スッポン、コイ、ナマズなどの骨が出土している。

　これらの貝塚・植物層は縄文時代中期前半に限られ、比較的短時間のうちに形成されている。土器は船元Ⅰ～Ⅱ式を中心とし、北陸地方の新保・新崎系、東海地方の北裏CⅠ式系が2～3割程度出土している。

　第3貝塚がのっている微高地の南には浅い谷状の窪地が東西に延びている。ここに埋積するシルト層は早期初頭に位置付けられる大川式の押型文土器を包含してお

り、そしてやはり食料残滓と考えられる植物層が遺存していた。

　この植物層はほとんどがクリの実で構成されており、ほかにヒョウタンの種子と果皮、コナラ属、ヒシ、オニグルミの種子とともに、オニバスなどの水草類の種子も混じっている。ここで特筆すべきことは、クリの実が大粒であることである。野性のクリの実が1.5cmほどであるのに比べてここで出土したものは2～3cmのものが多く、縄文人がクリを管理していたことを想定させる。今後の植物学での分析調査成果が期待される。

　またここの埋土中には給源地が鬱陵島と思われる火山灰（隠岐・鬱陵、または三方火山灰、約9800B.P.）がブロック状に含まれていた。

5　現段階での所見として

　水没貝塚という好条件によって、当時の植物食滓は腐食することなく遺存していた。これによって植物食料がやはり食料比率のなかで大きなウエイトを占めていたこと、植物食料は堅果類が中心であったことがわかった。しかし未だ調査途中であり、縄文農耕論をにらんだうえでの調査分析はこれからといえる。さらに今後の分析によって、縄文時代の食生活の実態、季節性、食料比率などが明らかにされることが期待される。またここでは詳しく触れなかったが、櫛、耳栓などの漆製品、籠などの木製品も出土しており、湖底遺跡ならではの成果も期待されよう。

●最近の発掘から

縄文後・晩期の環状列石──安中市天神原遺跡

大工原 豊 安中市教育委員会

　天神原遺跡は群馬県安中市に存在する縄文時代後・晩期を中心とする遺跡である。これまでに，縄文時代後期前半段階の完形土偶や，晩期前半段階の耳栓の出土が報告されている（梅沢1965，外山1982，大工原1988）。

　今回の発掘調査は県営土地改良事業に伴うもので，平成2年10月から平成3年3月まで実施された。検出された遺構は縄文時代後期から晩期にかけての環状列石と集落址を中心とするものであるが，縄文時代前期，古墳時代，奈良・平安時代の住居址なども検出されている。ここでは，縄文時代後・晩期の環状列石と石棒祭祀遺構の概要について述べたい。

1　遺跡の立地

　天神原遺跡は群馬県安中市中野谷地区に所在する。安中市は群馬県西部，利根川の支流碓氷川中流域に存在する。この地域は河岸段丘が発達した地形を呈しており，本遺跡は碓氷川南岸の上位段丘に立地する。

　この台地は小河川に開析され，東西に細長い緩やかな台地が幾重にも連なっている。こうした台地の一角に本遺跡は存在し，台地の南には通称天神川と呼称される小河川が東流する。遺跡の標高は250m前後である。

　環状列石は台地の最高所に存在し，集落は南斜面に存在する。

2　環状列石

　環状列石は直径約10mに多量の礫が円形に配列する内円部と，その周囲に存在する幅約12mの浅い周溝，さらにその周囲に存在する幅約10mの土塁状の周堤帯から形成され，全体としては，半径30mの規模と推定される。今回の調査では，環状列石の南半分のみが検出された。なお，北側の道路部分に対して地下電磁波探査を実施したところ，配石が存在している可能性が高いといったデータが示されている。

　内円部は配石墓の集中部分であり，円形を呈する。この内円部は周囲に溝が巡ることによって，小高く墳丘状の外観を呈する。

　内円部では14の配石墓が検出された。これら配石墓は西に位置するものほど大規模で丁寧に構築されている。また，主軸方向から東西，南北の二方向のものに二分される。重複する例も多く，3基重複するものが2例，2

基重複するものが1例認められる。したがって，内円部は継続的に墓域として使用された部分と見なすことができる。

　こうした内円部に存在する配石墓では覆土中の遺物は少なく，副葬されたと推定される遺物も極めて少ない。小玉，耳栓が各1点と若干の石鏃が検出されたのみである。しかし，南西部の周溝内に単独で存在する最大規模の配石墓は，覆土が5層に分かれ，各層から比較的多量の遺物が検出されるなど，内円部の配石墓の状態とは明らかに異なる。

　また，内円部西側に突出して構築された祭壇状の石組部分には立石が存在する。これら立石は3本存在し，長さは各1m程度のものである。これらはほぼ等間隔に突出部の外縁部に立てられていたと推定される。この3本の立石は内円部中心から眺めると，それぞれ妙義山の3つの峰に対応する方向にある。

　また，南東方向にも突出部が存在し，ここには将棋駒状の巨石が2枚折り重なり検出された。この巨石は本来門状に立っていたと考えられる。そして，この巨石間から石棒・石剣と鉄鉱石（磁鉄鉱）が出土しており，この部分で特殊な行為が行なわれた可能性がある。

　そして，内円部中央を東西に区切る幅60cm・深さ40cmの小規模な溝が存在する。この溝は一部の配石墓が構築された後に造られているが，配石墓の石は抜き取らず，配石墓を意識しつつ掘られている。この溝はさらに円弧を描き東西方向に続いており，大きな環状に巡っていた可能性がある。仮に環状と想定した場合，直径は75mの規模のものとなる。

　周溝は内円部から70〜80cmの深さを測る。この周溝は地山を削り出して造成されたものであり，周溝内には4箇所で方形柱穴列が確認された。それぞれ複数回の建て替えが行なわれている。この溝の部分からは多量の遺物が検出された。

　また，南西部および南東部周溝中には配石墓が存在している。そして，周溝東部には，少量の配石を伴う土壙墓が十数基集中して検出された。南部および西部周溝中からは埋設土器が3個体検出された。

　外円部に存在する周堤帯は，幅約10m・高さ0.5〜0.7m程度の規模である。今回の調査ではその一部が確認されたに過ぎず，全周しているかどうかについては，現段

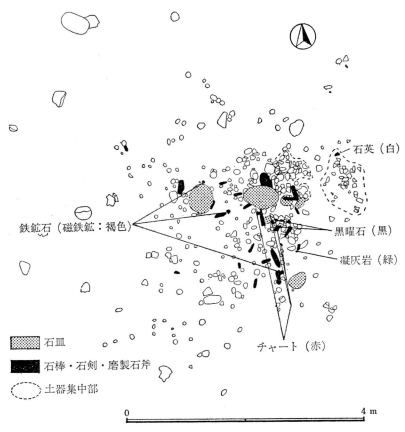

石棒祭祀遺構主要遺物分布状況

階でははっきりしない。しかし、周堤帯の延長線上にあたる調査区西側に隣接する雑木林の中にも緩やかな起伏が続いており、少なくとも南から南西部にかけては存在していた可能性が高い。

内円部および周溝部から検出された遺物としては、大量の粗製土器と少量の精製土器のほか、耳栓・土偶・ミニチュア土器・香炉形土器・手燭形土器・土版・異形注口土器などや、石棒・石剣・丸石・球石・多孔石・各種石製品・鉄鉱石などの特殊な遺物がある。

3 石棒祭祀遺構

この遺構は周溝南西部、最大規模の配石墓の西側に隣接して存在する。直径約4mの範囲に大形の石棒・石皿・球石を中心に小形の約30本の石棒・石剣・磨製石斧と、200個以上の球石・磨石・凹石が集中して検出された。中心には60×40cmの石皿が伏せた状態で存在し、石皿に対して北側から斜めに長さ45cmの大形の石棒が突き刺さる状態で検出された。また、直径12cmの球石は石棒の西に隣接して検出された。この周囲には小形の石棒・石剣などが放射状に配置されていた。石皿の下部に「コ」の字形に組まれた礫・球石・磨石の台状施設が

存在しているので、石皿と石棒は意図的な配置と推定される。

石皿の周囲には様々な色・質の石が四方に配置されていた。赤色のチャート6点、白色の石英1点、褐色の鉄鉱石(磁鉄鉱)2点はそれぞれ南・東・西に集中し、黒色の黒曜石2点は赤いチャートの下部から検出された。これら各種の石は各方向ごとに集中しており、意図的な配置と推定される。このほか、大形の鉄鉱石が南側に存在する石棒の根元からも検出された。

東から北東部分にかけては土器が集中しており、この中には赤彩の台付浅鉢も含まれ、供献された可能性が高い。

また、周囲には黒曜石・硅質頁岩などの剝片と石鏃、石鏃未成品が大量に検出されている。したがって、石鏃の製作行為がこの場所で行なわれたことが推定される。

この石棒祭祀遺構の周囲には円形・方形の柱穴列が存在しており、複数回構造物が構築された可能性が高い。

4 まとめ

本遺跡の環状列石の存続時期は後期後半から晩期中葉段階と推定される。現在は遺物整理作業が進行していないので詳細は不明であるが、安行系・大洞系が主体をなし、前浦式・清水天王山式が客体的に存在している。時間的には数型式間継続的に使用されているが、その間には内円部に立石を伴う祭壇状施設・巨石の門状施設が増設されたり、中央を区切る溝が新たに追加されたことが判明した。また、平地式建物址と推定される方形柱穴列も複数回の建て替えが行なわれている。

つぎに、石棒祭祀遺構は検出された遺物から晩期前半段階のものと考えられるが、周囲に存在する柱穴列が複数重複していることや、石皿・石棒の中には整然とした配列から逸脱した状態のものも存在することから、継続的に使用された施設かどうかについても、さらに検討してゆく必要がある。

連載講座
縄紋時代史
10. 縄紋人の生業（2）

北海道大学助教授
林 謙作

　捕獲・採集を抜きにして，縄紋人の生業を考えることはできない。ここでは，まず縄紋人の捕獲・採集の一例として，仙台湾沿岸の後・晩期を中心とする貝塚のトリ・ケモノの組成を紹介しよう。

1. 仙台湾沿岸の遺跡のトリ・ケモノの組成

　ここで仙台湾沿岸とよぶ地域は，①牡鹿半島周辺を中心とする南三陸の沿岸部，②宮城県南部・岩手県南端部の湖沼地帯（県北湖沼地帯），③松島湾沿岸，④阿武隈川河口部，⑤脊梁山脈につづく丘陵地帯，をふくむ。

　仙台湾沿岸のトリ・ケモノが50個体以上出土している遺跡から，宮城・二月田，同・沼津，同・浅部，岩手・貝鳥をえらび[1]，出土しているトリ・ケモノの種類と比率を調べてみる。沼津は南三陸，貝鳥・浅部は県北湖沼地帯，二月田は松島湾にある。阿武隈川流域には適当な例がなく，省略したが，これら4遺跡のトリ・ケモノの種類と比率をみれば，仙台湾沿岸のトリ・ケモノを対象とする捕獲活動のおおまかな輪郭は理解できる。

1-1. おもだった獲物

　浅部をはじめとする4遺跡から出土しているトリ・ケモノの比率と個体数を表1にしめした。各種のトリ・ケモノの比率はかならずしも一様ではなく，特定の種類に集中している。その傾向をまとめてみると，

Ⅰ　3か所以上の遺跡で出土しており，
　a　3か所とも比率が5％以上になるもの：カモ，シカ，イノシシ
　b　3か所のうち1か所では比率が5％以上になるもの：ハクチョウ，ヒシクイ，ウ，キジ，イヌ，タヌキ
　c　3ヵ所とも比率が5％に達しないもの：マガン，カイツブリ，アホウドリ，ワシ，タカ，キツネ，ウサギ，ムササビ，カワウソ，クジラ

Ⅱ　2か所以上の遺跡で出土しているが，比率は5％に達しないもの：アビ，カモメ，オオハム，ミズナギドリ，カラス，テン，アナグマ，オオカミ，カモシカ，ツキノワグマ，イルカ，アシカ，オットセイ

Ⅲ　1カ所に限られるもの：ツル，サギ，オオバン，ウミスズメ，トウゾクカモメ，イタチ，ウマ，オオヤマネコ，サル，サカマタ

にわけることができる。かりにⅠを普通種，Ⅱ・Ⅲを稀少種とよぼう。Ⅰaつまりカモ・シカ・イノシシは，普通種のなかでももっともありふれた——仙台湾沿岸で貝塚の残されるような地域であれば，どこでも狩猟の獲物となっていた種類だ，といえるだろう。

　ところで，キンクロハジロやクロガモなど内湾に棲むものは別として，多くのカモ類はハクチョウ属・ガン属が越冬している期間は，これといい交じっているのが普通である。表1をみても，浅部・沼津・貝鳥では，カモ類とともにハクチョウ属・ガン属も出土している。おなじ場所で越冬していた状態を思い浮べることができる。カモ類・ハクチョウ属・ガン属を「ガン・カモ科」としてまとめよう。ガン・カモ科，シカ，イノシシの比率は，ほかの種類のトリ・ケモノよりはるかにたかい（表1）。ガン・カモ科以外のトリ，シカ・イノシシ以外のケモノをすべて合わせても30％弱。浅部のように15％を切る場合もある。ガン・カモ科，シカ・イノシシを「おもだった獲物」とよんでも差支えないだろう。

　さきに，出土しているトリ・ケモノを普通種と

表1　二月田・貝鳥・沼津・浅部のトリ・ケモノの組成

		種名／遺跡名	二月田	貝　鳥	沼　津	浅　部
鳥類	I	ハクチョウ		1.0 (5)	0.4 (3)	5.0 (10)
		クグイ		9.5 (48)	0.8 (6)	4.0 (8)
		ヒシクイ		3.8 (19)	1.0 (7)	2.0 (4)
		マガモ	45.2 (33)	7.6 (38)	16.5 (120)	4.0 (8)
	II	ツル		0.6 (3)		
		サギ		0.4 (2)		
		オオバン		0.6 (3)	1.2 (9)	
		アビ	4.1 (3)	0.4 (2)	1.5 (11)	
		ウ	4.1 (3)	4.0 (20)	5.5 (40)	1.5 (3)
	III	カモメ	2.7 (2)		0.1 (1)	0.5 (1)
		ウミスズメ	1.4 (1)	0.4 (2)	0.7 (5)	
		アホウドリ	4.1 (3)		0.7 (5)	
		ミズナギドリ			0.7 (5)	
		ウ			0.4 (3)	
		トウゾクカモメ			0.1 (1)	
	IV	カラス	1.4 (1)	0.6 (3)	1.4 (10)	
		キジ	1.4 (1)	7.6 (38)	1.5 (11)	0.5 (1)
		ワシ・タカ		1.6 (8)	1.2 (9)	
		鳥 類 合 計	**64.4 (47)**	**38.1 (191)**	**33.7 (246)**	**17.5 (35)**
哺乳類	I	シカ	11.0 (8)	22.3 (112)	23.5 (171)	44.0 (88)
		イノシシ	9.6 (7)	23.3 (117)	22.1 (161)	27.0 (54)
	II	タヌキ	1.4 (1)	5.4 (27)	2.5 (18)	4.0 (8)
		キツネ	1.4 (1)	2.4 (12)	2.2 (17)	5.0 (10)
		イタチ	1.4 (1)	1.0 (5)	1.7 (12)	
		テン	1.4 (1)	0.4 (2)		
		ノウサギ		3.2 (16)	2.8 (20)	
	III	テン			0.7 (5)	0.5 (1)
		アナグマ		0.4 (2)	0.6 (4)	
		ムササビ	1.4 (1)	0.4 (2)	1.5 (11)	1.0 (2)
		ニホンザル		1.0 (5)	0.1 (1)	0.5 (1)
		オオカミ			0.4 (3)	
		カモシカ		0.6 (3)	0.1 (1)	
		ツキノワグマ		1.0 (5)	0.1 (1)	
	IV	カワウソ	2.7 (2)	0.6 (3)	0.6 (4)	
		イルカ	1.4 (1)		6.5 (47)	
		クジラ	1.4 (1)	0.2 (1)	0.4 (3)	0.5 (1)
		アシカ	1.4 (1)		0.3 (2)	
		オットセイ	1.4 (1)		0.1 (1)	
		哺 乳 類 合 計	**35.7 (26)**	**62.2 (312)**	**66.2 (482)**	**82.5 (165)**
		総　　　　計	**100.3 (73)**	**100.3 (503)**	**99.9 (728)**	**100.0 (200)**

のちにあらためて説明するが，沼津・貝鳥のウ属，貝鳥のキジ属のように，限られた種類の普通種が，特定の時期にかぎって，飛びぬけた出土量をしめすことがある。ウ属が出土しているのは，沼津・貝鳥・浅部の3ヵ所であるが，沼津では全体の5.5％（40個体），貝鳥では4％（20個体）で浅部の3個体とは大きなへだたりがある。キジ属は貝鳥をはじめすべての遺跡で出土しているが，貝鳥以外では比率はきわめてひくく，2％以下である。ところが貝鳥だけは，7.6％（38個体）に達している（表1）。

仙台湾沿岸の貝塚から出土するトリ・ケモノには，おもだった獲物のように，すべての地域に共通する普遍的な要素とともに，限られた地域・限られた時期だけにあらわれる特殊な要素をも含んでいる。この地域の住民の食料資源の中心となったのは，いうまでもなくおもだった獲物である。その反面，かならずしも長期間持続するわけでもない要素をも，たくみにとりこんで活用しているところに，縄紋社会の生業システムの柔軟さがあらわれているのではなかろうか。

1-2. 組成のバラツキ

ところで，おもだった獲物の比率や，ガン・カモ科の中身をくらべてみると，表1にしめした四遺跡のなかでもバラツキがあり，遺跡ごとに固有の特徴があることがわかる。表1のトリ・ケモノの比率を，ガン・カモ科，その他鳥類，シカ，イノシシ，その他獣類の五項目に分けなおし，比率をくらべてみよう（図1）。二月田・貝鳥・沼津・浅部の順にケモノの比率がたかくなる。もっとも

稀少種に分けた。いうまでもなく，おもだった獲物となるのは，普通種である。しかし，沼津のイルカ類のように，稀少種が捕獲の対象として大きな意味をもっていた，と思われる場合がある。イルカ類は，沼津ばかりでなく，二月田からも出土している。しかし，二月田の場合は1個体にすぎず，ことさら捕獲の対象としていた，というよりは，たまたま捕獲する機会があった，というまでのことだろう。ところが沼津で出土したイルカ類は，47個体にのぼり，イルカ漁は後期後葉にはじまり，晩期後葉までつづいている。

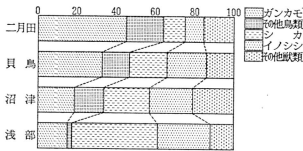

図1 二月田・貝鳥・沼津・浅部のおもだった獲物の比率

ケモノの比率がひくい二月田では36％, もっともたかい浅部では83％弱で, 2倍以上のひらきがある (表1, 図2)。おもだった獲物のなかでは, イノシシの比率は増減がめだたず, シカとガン・カモ科の増減が補いあってトリ・ケモノの比率を決定している。

おもだった獲物の比率を観察してみると,
① シカ・イノシシに比重がかかり, 両者をあわせると70％強になる場合 (浅部)
② ガン・カモ科に比重がかかり, 45％前後になる場合 (二月田)
③ ガン・カモ科, シカ・イノシシの比率がほぼひとしく, それぞれ20％強になる場合 (貝鳥, 沼津)

を区別することができるだろう。

これらの遺跡のガン・カモ科の中身にも大きな違いがある。貝鳥・浅部では, ハクチョウ属・ガン属をあわせた比率は, カモ類の2倍を超える。一方, 二月田ではハクチョウ属・ガン属はまったく出土しておらず, 沼津でも2％強にすぎない (表1)。ハクチョウ属・ガン属の比率のたかい貝鳥・浅部と, カモ類の比率のたかい二月田・沼津を区別することができる。

カモ類のなかには, いくつかの属が混じっているはずだが, 骨の形では区別できず, 骨の大きさで中型 (マガモ級) と小型 (カルガモ級) に分けている。沼津で出ているカモ類は, マガモ級が圧倒的に多い。一方, 二月田のカモ類は, ほとんどすべてカルガモ級である。おなじくカモ類の比率がたかいといっても, 二月田と沼津では中身の違いがある。

2. バラツキの原因

浅部・貝鳥・沼津・二月田のトリ・ケモノの組成にはバラツキがあり, それぞれ固有の特徴をしめしている。このバラツキの原因はどこにあるのだろうか。おもな原因として,
① 調査方法の欠陥や制約にもとづく資料の偏り・その結果としてのデータのひずみ
② 時間の経過にともなう変化
　a. 捕獲技術の発達・道具の改良の影響
　b. 環境の変化にともなう資源分布の変化
③ 遺跡をとりまく, ことなった環境のなかの資源構成の差

などをあげることができよう。そして, これらの原因が, おもだった獲物の種類と比率の違いの説明になるかどうか, 順をおって検討してみよう。なお, ②bと③を「環境の影響」としてまとめて検討する。

2-1. 調査方法・資料のひずみ

ここで紹介した調査では, 堆積物をすべて回収し, 篩別けをするいわゆる「悉皆サンプリング」の方法はとられていない[2]。その点で, すでに紹介したデータ, これから紹介するデータには, すべて欠陥があり,「悉皆サンプリング」にもとづくデータと同格の扱いをするわけにはゆかない。単位堆積あたりの動物遺体の出土量を測り, 全体 (=母集団) の規模を推定するための, たとえばブロック・サンプリングなどの措置も, 二月田を除けばとっていない。ここに紹介しているデータが, ことごとく過去の調査水準の制約をうけた, 欠陥の多いものであることは否定できない。その反面, これらの調査では, それまでほとんど無視され, 考古資料としての扱いさえうけてこなかった動物遺体を, 資料として活用しようとする努力がはらわれていることも事実である。これらのデータの死んだ部分・活きた部分を確実におさえ, 活きた部分から読みとれることは読みとっておくのは無益なことではなかろう。

これらの調査の欠陥は, 微小遺物の回収・母集団の規模を推測するための配慮を欠いていたことにある。したがって, これらの事項はここで扱っているデータの死んだ部分である。これらのデータを基礎として, たとえば遺跡の住民の消費した動物性食料の量を推測したり, 人口規模・居住期間などを割り出そうとしたりするのは, (いまとなってみれば) 正気の沙汰ではない。しかし, ここで扱っているトリ・ケモノの遺体の場合には, サカナの背骨のような微小遺物にくらべれば, 見落としの率はかなりひくい, といえよう。しかもすべての調査がほぼおなじ方法をとっているから, 回

収されている資料は，すべておなじ程度・おなじ方向に偏っているだろう。とすれば，見落としの比較的少ない大型遺体をとりあげ，資料の量そのものではなく比率を問題にすることは，比較的安全だ，といえるだろう。したがって，おもだった獲物のように，ある程度まとまった量の資料，とりわけその比率は，これらのデータの活きた部分である。これから述べる意見は，かろうじて活き残っている部分にもとづく仮説であり，今後の調査によって吟味されねばならない。

遺跡のなかの分布の偏りも，資料のひずみ（サンプリング・バイアス）の原因となる。シカ・イノシシが，浅部では並はずれて多く，二月田では並はずれて少ない。浅部の場合にかぎって，シカがイノシシの２倍ちかい量になっている。浅部のシカ・イノシシ（とりわけシカ）の出土量にはサンプリング・バイアスが働いているのではないか，というのは当然な疑問である。われわれは，遺物がひとつの区域に集中している現場にたえずぶつかっている。動物遺体も例外ではない。関東地方の晩期の「骨塚」や東北・北海道の貝塚の「魚骨層」はこの一例である。浅部・二月田は，いずれも調査面積が小さい。浅部の場合には，調査区のなかにたまたまシカ・イノシシ（あるいはシカ）の骨の集積があり，二月田の場合にはたまたま集積からはずれていた，ということも十分に考えられる。

浅部の場合には，出土量の層位的な変化・平面分布の偏りにもとづいて，ひとまずの反証はできる。１層あたりのシカ（成獣・亜成獣）の出土個体数は，１〜２個体（のべ６層）・４〜６個体（のべ10層）に集中し，３個体・９個体を出土した層が１層ずつある。出土個体数が１〜２個体の層は，上位・下位の層準にわかれるから，層別の出土個体数を上・中・下の層準に投影してみると，１層あたり４〜６個体を含む中位の層準にピークをおく正規分布になる。上位の層準の３個体・中位の層準の９個体が飛びはなれている。確実に集積と判断できるのは中位の層準の９個体だけである。つまり，浅部のシカの骨のなかに，特別な集積に由来するものがあるとしても，延べ21層のなかの２層（実質的には１層）にとどまり，たかだか５個体前後のズレにとどまる。イノシシの層位的な分布もおなじ傾向をしめし，シカよりもさらに安定している[3]。浅部のシカ・イノシシの出土量は，実情を反映している，とみるべきだろう。

2-2. 技術・道具の問題

技術の発達・道具の改良がきっかけとなって，おもだった獲物の比率や量が変化する場合もありうる。沼津では後期後葉になるとイルカ漁が目立つようになる（表1，2，図1）。この時期に，銛の形が変化することは，多くの人々が指摘している。銛の性能が改良された結果，イルカ漁が活発になったのかもしれない。この種の銛は，内陸部には普及していない。新しく開発された漁具をとりいれた地域・とり入れぬ地域で，獲物となるトリ・ケモノの種類や比率に違いが生まれる，ということも考えられぬことではない。しかし，後期後葉の沼津のトリ・ケモノの組成からイルカ類を除いてみても，貝鳥と共通する特徴は顕著になるが，かといって二月田・浅部との違いは依然として残る。銛の改良は，トリ・ケモノの組成全体を組みかえるほどの効果を発揮しているわけではない。

長根（前期末〜中期初頭）からはシカ31個体・イノシシ24個体が出土しており，これは貝殻塚（前期前葉）のシカ14個体・イノシシ11個体の２倍を超す。この前後に技術の発達・道具の改良がおこっているのかもしれない。しかし，この時期に弓矢の性能が飛躍的に高くなったとか，弓矢の生産量が急に増える，といった証拠があるわけではない。少なくともいまのところ，技術の発達や道具の改良をトリ・ケモノの組成の違いを説明する要素としてあつかうことはできそうにもない。

2-3. 環境の影響

ここでは，われわれが漠然と「環境の違い」とよんでいるものを環境変遷と環境変異に区別しよう。時間を固定し（あるいはまったく限定せずに）空間にそって観察の目を移動させれば，環境変異が浮びあがってくる。１本の経度線にそって，海岸から脊梁山脈までの景観を観察したり，１本の水系をたどって水源から河口までの景観を観察する場合を考えてみればよい。この区別を意識しながら，トリ・ケモノの種類と比率を観察してみることにしよう。

まず，この地域の環境変遷の大筋を説明しておこう。松本秀明は，仙台湾沿岸各地のボーリング資料にもとづいて，海岸線がもっとも内陸に入りこんだのは7,900〜7,500y.B.P.の頃で5,000y.B.P.頃には海面はもっとも高くなるが，その時の海面の高さは現在と変わらない，という。7,900〜7,500y.B.P.を境として海面の上昇する速度は

遅くなり，海面の停滞期に入り，4,000y.B.P.前後には海面は一時低下するという[4]。ただし，これに先立って海岸線は後退をはじめており，6,500y.B.P.前後には海進のはじまった頃（8,800〜8,500y.B.P.）の位置まで後退しているという。松本の説明にしたがえば，ここで扱っているデータは，海面の停滞期・低下期・再上昇期?の3段階にまたがるが，多くは低下期に対応する[5]。

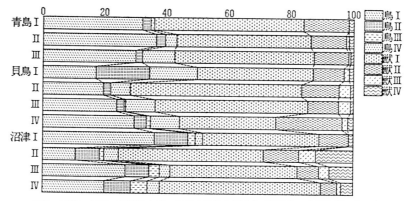

図2 青島・貝鳥・沼津のトリ・ケモノの組成の動き（青島Ⅰ：中期中葉，Ⅱ：中期後葉，Ⅲ：後期前葉，貝鳥Ⅰ：後期前葉，Ⅱ：後期中葉，Ⅲ：後期後葉，Ⅳ：晩期前葉，沼津Ⅰ：後期前葉，Ⅱ：後期後葉，Ⅲ：晩期前葉，Ⅳ：晩期後葉）

松本は，海進のピークには，いまより20〜35km内陸よりの位置に海岸線があった，と推定している。この位置は，ハマグリやカキを主体とする早期後葉〜前期初頭の貝塚の分布限界にあたっており，海進の年代とともに，考古資料と矛盾しない。迫川・江合川の流域では，前期中葉を境として，浜や入江に棲むハマグリやアサリの貝層は，海水の流れこむ川口や潟湖(ラグーン)に棲むヤマトシジミの貝層にいれかわる[6]。後期前葉からのちになると，この地域には川や沼に棲むイシガイ・ヌマガイ・カラスガイ・タニシ類の貝層があらわれ，晩期後葉までつづく。この地域の基盤はきわめて平坦で，海進のときの内湾を埋めたてた沖積平地を流れる河川の流路は不安定で，いたるところに自然堤防・後背湿地が残され，やがて大小の沼になる。後・晩期の淡水性貝塚は，このような経過をたどって出現する。晩期後葉になると，二月田・沼津など，いまの海岸線に近いところにヤマトシジミの貝層があらわれる。浜堤で入江が締めきられたことをしめしている。このような環境変遷を頭において，トリ・ケモノの組成と比率の変化を観察してみよう。青島（中期中葉〜後期前葉）[7]・貝鳥（後期前葉〜晩期前葉）・沼津（後期前葉〜晩期後葉，ただし後期・晩期中葉欠）のデータをとりあげる（図2）。

ここでは，おなじような環境に棲むトリ・ケモノをつぎのようにまとめた（表1参照）。

鳥類Ⅰ　ガン・カモ科。カモ類のなかには渡りをしないものもあるが，日本列島で越冬し，繁殖地に戻るものが多い。

　　　Ⅱ　ガン・カモ科以外の，おもに淡水域に棲むもの。「水鳥」とよぶ。

　　　Ⅲ　海岸・洋上に棲むもの。「海鳥」とよぶ。

　　　Ⅳ　陸上に棲むもの。ワシ・タカ科のなかには水辺に棲むものもあるが，識別はできない。「陸鳥」とよぶ。

獣類Ⅰ　シカ・イノシシ。生活環境はかならずしもおなじではないが，ともに主要な狩猟獣であるのでまとめた。

　　　Ⅱ　イヌをはじめ，人里に棲むか，人里に近い環境にも適応しやすいもの。「里獣」とよぶ。

　　　Ⅲ　Ⅱよりは深い森林・山間地を好むもの。「森獣」とよぶ。

　　　Ⅳ　海獣。カワウソは内湾・湖沼・河川などに棲むが，便宜的にここにいれた。

沼津では，後期後葉（Ⅱ期）にトリの比率が急に落ちこんでおり，貝鳥でも後期前葉（Ⅰ期）と中葉（Ⅱ期）のあいだに，おなじような変化が起きている。青島ではこのような変動は観察できず，組成は安定している。沼津と貝鳥の変動は，

①トリの比率は50％前後から30％前後まで落ちこむが，

②トリの出土量が減っているのではなく，量は増えているが，ケモノの増加率がこれをしのいでいる。

ことが共通する。しかし，

①沼津ではガン・カモ科がもっとも大幅な落ちこみをしめし，

②貝鳥では，ウ属・キジ属の比率は低下するが，

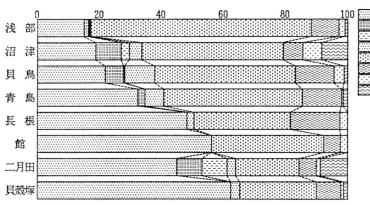

図3　仙台湾沿岸諸遺跡のトリ・ケモノの組成

表2　仙台湾沿岸諸遺跡のトリ・ケモノの比率

		鳥　　類				哺　乳　類			
		I	II	III	IV	I	II	III	IV
浅部	内	15.0	1.5	0.5	0.5	71.0	9.0	2.0	0.5
貝鳥		21.9	6.0	0.4	9.8	45.6	12.4	3.4	0.8
青島	陸	32.5	2.5		6.1	45.1	12.7	0.6	1.0
長根		49.4			2.3	32.0	16.3	2.4	
館		56.4				36.2	5.5	2.2	
貝殻塚	沿	63.0			3.0	25.0	8.0	1.0	1.0
二月田		45.1	8.2	8.2	2.8	20.6	5.6	1.4	8.3
沼津	岸	18.7	8.2	2.7	4.1	45.6	6.4	6.1	7.8

③ガン・カモ科の比率は，わずかながら上昇している。

という相違もある。貝鳥では，ガン・カモ科の比率はI期からIV期までひきつづき上昇し，IV期にはI期のおよそ1.5倍ほどになる。キジ属の比率はIII期に回復したのち，横這いになる。ウ属を中心とする水鳥の比率も，IV期にはII期の2倍近くまで回復する。ガン・カモ科・ウ属・キジ属の比率の動きは無関係ではなく，海岸線の後退にともなう淡水域の拡大という環境変遷を反映しているように思われる。しかし沼津では，ガン・カモ科の比率は多少の起伏を示しながら低下している(図2)。

かりに，トリ・ケモノの組成・おもだった獲物の中身や比率が，環境変遷の影響をうけているとすれば，おなじく後期前葉の青島III期・貝鳥I期・沼津I期の組成には，共通する特徴を指摘できるに違いない。トリ・ケモノの比率には大きな違いはなく，貝鳥と沼津の比率はほとんど一致している。各種のケモノの比率にも大きな違いはないが，各種のトリの中身と比率はまちまちである。ガン・カモ科の比率は，青島と沼津のあいだでは4％強にすぎず，沼津と貝鳥の差がめだつ(表2)。しかし，青島・貝鳥ではハクチョウ属・ガ

ン属をあわせた比率はカモ類と大差がないのに，沼津ではカモ類の1/3に過ぎない。ウ属を中心とする水鳥の比率は，出土量の多い貝鳥・沼津の比率はかなり近く，青島との間には大差がある。青島・貝鳥ではキジ属がまとまって出土しているが，沼津での出土量は微々たるものである(表2)。時期がおなじでも所在がへだたっていると，トリ・ケモノの比率には無視できぬ違いがあらわれている。青島I期・II期(図2)と浅部(表1)，貝鳥IV期・沼津III期(図2)と二月田(表1)もこの例外ではない。

ここで，これまで観察してきた遺跡に，貝殻塚・長根・館(後期末～晩期初頭)[8]のデータをくわえて，おもだった獲物の組成をくらべてみよう(表2，図3)。時期とはかかわりなく，ケモノの比率のたかい順に配列した。おもだった獲物の比率のいずれも違っている。そのなかで，沼津・貝鳥と青島，長根と館，二月田と貝殻塚はトリ・ケモノの比率は比較的近い。とくに，地理的に近い位置にある長根・館，貝殻塚・二月田の2組の組成が，前期末～中期初頭と後期末～晩期初頭，前期前葉と晩期前葉という年代のへだたりにもかかわらず，トリ・ケモノの比率が近い，という点は注目をひく。これは，さきに青島・貝鳥・沼津の時期のおなじ組成をくらべた結果と表裏一体の現象と判断すべきだろう。つまりトリ・ケモノの組成は，年代が重なっていても地理的なへだたりがあれば食い違い，年代のへだたりがあっても地理的な位置が近ければ一致――とはいえぬまでも類似する。

さきに，松本の推定する海進のピークの年代・海岸線の位置を紹介したが，年代にも位置にもかなりの幅があった。この幅は，おもに地域のあいだの年代・規模のズレをしめしている。松本は海岸の前進・後退が，河川の運搬する土砂の量・埋めたてる海底の容積などの局地的な条件によって左右されることを指摘している[9]。上に指摘したトリ・ケモノの組成や比率のあり方も，まさにそのような局地的要因によって左右されている，と考えるべきだろう。かりに仙台湾沿岸に一様な影

響をおよぼすような環境変遷がトリ・ケモノの比率を左右しているとすれば，このような現象が起こるはずはない。トリ・ケモノの組成から読みとれるのは環境変異で，環境変遷ではない。

3. トリ・ケモノの組合わせの類型

3-1. 設定の前提

まわりくどく，しかも不十分な説明になったが，仙台湾沿岸の諸遺跡のトリ・ケモノの組合わせを左右しているのが，遺跡をとりまく環境であることを指摘した。これは一方からみればきわめて常識的な判断で，あらためて説明するまでのことではないかもしれない。しかしまた別の立場からみれば，この判断は裏づけの不十分な仮説にすぎない，ともいえる。たとえば，貝鳥Ⅱ期からⅣ期にわたるガン・カモ科の比率の上昇・それにともなうキジ属の比率の変化は，遺跡のまわりの湿地や湖沼が拡大した結果と解釈できぬこともない。おなじように，青島Ⅰ期からⅢ期にかけてのキジ属の増加は，疎林や草地が拡大した結果とみることもできるだろう。しかし，貝鳥や青島付近の微地形や植生の変遷はまだ確認されていない。将来，微地形や植生の歴史があきらかになれば，この推測があたっているかどうか，確かめることができるだろう。

また，これまでの説明では，ことさら環境の変遷・変異という立場にしぼってデータを観察してきた。しかし，たとえば貝鳥Ⅱ期・沼津Ⅱ期のケモノの比率の上昇は，環境の変化というだけにとどまるのだろうか。沼津でも貝鳥でも，シカ・イノシシの出土量は倍増しており，沼津Ⅱ期にはⅠ期にはまったく出土していないイルカ類が36個体出土している。たとえケモノが増加した直接の原因が自然環境の変化にあったにしても，獲物が増えた，というできごとが社会的な意味をもたぬはずがない。獲物の増加の原因を，技術の発達や道具の改良に求めるには，いまわれわれの手許にあるデータはきわめて不十分であり，さらに慎重な態度をとらねばならない。むしろ，集落の性格や狩猟・漁撈そのものの社会的な意味や機能の変化という立場から分析をすすめる方が，仮説の中身・吟味の手段はゆたかになるだろう。

2-1で，データのひずみの問題を指摘した。浅部のシカの出土量は，ほかの遺跡とくらべて異常なほど多い。しかし，すでに説明したように，層

ごとの出土量は安定しており，ここにしめしたデータはそのまま実情を反映していると考えてよい。むしろ，青島Ⅲ期・貝鳥Ⅰ期のキジ属，貝鳥Ⅰ期のウ属のように，実数20個体前後で飛びぬけた比率をしめしている場合の方が，たまたま集積にあたっている可能性がたかい。データそのものにかたよりがあるとすれば，すべての解釈・仮説はくずれてしまう。いまのところ，出土層位・平面分布のほかに，この点を吟味する有効な手段はない。出土資料を母集団を代表するサンプルとしてあつかうことのできるような調査方法を確立する必要がある。

3-2. 類型の設定

ここで指摘したような問題があることを承知したうえで，これまで紹介したデータを，いくつかの類型にまとめてみよう。はじめにこれらすべて，あるいは大部分のデータに共通する特徴を指摘しておく。

①かならずガン・カモ科，シカ・イノシシを含み，これらをあわせた比率は70〜80％に達し，90％を超える場合もある。

②シカの比率はつねにイノシシの比率を上回るが，その差は5％前後にとどまる。

③イヌを除いた里獣の比率は，多くの場合5〜7％前後で，多くとも10％強である。

④森獣の比率はきわめて低く，高くとも4％以下，多くの場合1〜2％である。

貝殻塚・沼津・二月田の組成を沿岸性とする。沿岸性の組成は，カモ類がガン・カモ科のなかで圧倒的な比率を占め，海鳥・海獣の比率がほかの組成よりもたかい，という点が共通する（表2）。しかし沼津のようにマガモ級のカモ類が主流となる場合と二月田のようにコガモ級のカモ類が主流となる場合がある。さらに貝殻塚の組成には，海鳥・海獣が欠けている。三角州・潟湖をひかえた湾口あるいは河口（沼津）・三角州・干潟の発達しない内湾の湾口（二月田），さらにその内湾の湾奥（貝殻塚）という立地条件を考えにいれれば，これらの違いを説明することができる。

貝殻塚・二月田のシカ・イノシシの比率はきわめてひくい（図3）。二月田の対岸にあたる位置にある里浜西畑でも，シカ・イノシシの出土量は多くはない[10]。松島湾沿岸の遺跡に共通する特徴とみるべきだろう。沼津ではシカ・イノシシの比率は貝鳥とおなじく45％前後になる（表2）。これも

北上山地の南縁にあたる沼津と，島嶼と痩せ尾根に囲まれた松島湾という環境の違いとして説明できよう。沼津を河口／丘陵型とし，二月田・貝殻塚を内湾型とする。両者の違いにもとづいて，内湾型を湾口・湾奥の亜型に細別する。

長根・浅部・青島・貝鳥・館の組成を内陸性とする。内陸性の組成には，ガン・カモ科のうちハクチョウ属・ガン属の比率がたかく，海鳥・海獣の比率は1％以下にとどまることが共通する。

貝鳥の組成では，シカ・イノシシの比率が45％前後，ガン・カモ科の比率は20％強で，ハクチョウ属・ガン属がガン・カモ科の過半数を占めている。キジ属の比率も5％を超えるし，ガン・カモ科のほかの水鳥の種類も多い（表2）。シカ・イノシシ，キジ属の棲む森林・草地と，ガン・カモ科の棲む湖沼・湿地の釣合のとれた環境を推定することができる。貝鳥を内陸性の組成の典型とし，森林／湖沼型とよぶことにしよう。

浅部のトリ・ケモノの比率は，典型的な森林／湖沼型（貝鳥・青島）とは大きな違いがあるが，トリ・ケモノの顔ぶれそのものは，長根・館よりは貝鳥などに近い。長根・館の組成は，ハクチョウ属・ガン属の比率がたかい点は貝鳥と共通する。しかし水鳥が欠けており，陸鳥の比率もきわめてひくい。シカ・イノシシの比率は，浅部よりは40％前後，貝鳥よりも15％近くひくい。

浅部は北上川本流に面しており，遺跡の周辺にはガン・カモ科の餌場となる湖沼・湿地があまり発達していなかった可能性がある。ガン・カモ科の捕獲に多くを期待できない，という条件のもとで，シカ・イノシシの捕獲に比重がかかる結果となったのだろう。長根・館で水鳥が欠けている理由はいまのところ説明が難しい。しかしシカ・イノシシばかりでなく，キジ属の比率もひくいことは，湖沼・湿地の面積にくらべて，森林・草地の面積がかぎられていたことをしめしているのではなかろうか。浅部を湖沼／森林型の森林よりの亜型，長根・館を湖沼よりの亜型，と考えよう[11]。

ここに指摘した類型・亜型は，水辺・水中の資源の利用を前提として成立している。この前提条件が欠ける地域，たとえば宮城県北部の湖沼地帯を取り囲む丘陵地では，浅部のガン・カモ科を陸鳥に置換え，さらにケモノに比重をおいた組成が拡がっていると推定できる。そして，さらに山間部にはいれば，カモシカ・ツキノワグマなどの山間部特有の要素が加わるのだろう。おそらく，これら内陸・山間部の類型・亜型には，地域性が稀薄であろう。紙面の都合で，これらの類型の拡がりをしめす図を添えることができなかった。さしあたり文献11を参照していただきたい。

註
1) 林　謙作「宮城県浅部貝塚出土のシカ・イノシシ遺体」（『物質文化』15：1-11，1970），林「宮城県浅部貝塚出土の動物遺体」（同前・17，7-21，1971），塩釜女子高社会部『二月田貝塚』（塩釜女子高，1971），林「宮城県下の貝塚群」pp. 113-16，133-40（渡辺信夫編『宮城の研究』1：109-72，清文堂，1984），金子浩昌・草間俊一編『貝鳥貝塚—第四次調査報告』（岩手県文化財愛護協会・花泉町教育委員会，1971）
2) 上ゲ土をすべて持ちかえり，微小遺物を検出する方針は，仙台湾沿岸では宮城県教育委員会による田柄，東北歴史資料館による里浜西畑（1979年）にはじまる。サンプリングは母集団の性質を推測するために，一部の資料を抽きだすことであるから，「悉皆——」は「センサス」・「——回収」とよぶべきだろう。
3) 林「宮城県浅部貝塚出土の動物遺体」Tab. 2
4) 松本秀明「沖積平野の形成過程から見た過去一万年間の海岸線変化」pp. 20-21，25-26，34-36，41-43，49-50（『宮城の研究』1：7-52）
5) 松本は，海面がふたたび上昇にむかう時期はあきらかにしていない。
6) 奥野義一「迫川流域の石器時代文化」pp. 27-29（『仙台郷土研究』18-3：20-30，1958）
7) 加藤　孝・後藤勝彦編「宮城県登米郡南方町青島貝塚発掘調査報告—内陸淡水産貝塚の研究」（『南方町史・資料編』1：11-274，1975），後藤勝彦「仙台湾縄文前期貝塚出土の動物遺体から見た漁撈活動について—特に左道貝塚・貝殻塚貝塚・桂島貝塚を中心として」（『宮城県多賀城遺跡調査研究所研究紀要』6：1-27，1980）
8) 伊東信雄編「埋蔵文化財緊急発掘調査概報—長根貝塚」（『宮城県文化財調査報告書』19，1969），「宮城県下の貝塚群」pp. 126-27，130-32
9) 註4）p. 25
10) 岡村道雄・小井川和夫編『里浜貝塚Ｖ—宮城県鳴瀬町宮戸島里浜貝塚西畑地点の調査・研究Ｖ』pp. 97-99，104-105（『東北歴史資料館資料集』15，東北歴史資料館，1986），『里浜貝塚Ⅵ』p. 46（『東北歴史資料館資料集』19，1987）
11) 「宮城県下の貝塚群」pp. 141-150，「縄文時代」pp. 106-108（『図説発掘が語る日本史』1：69-112，新人物往来社，1986），「亀ヶ岡と遠賀川」pp. 96-98（戸沢充則編『岩波講座日本考古学』5：93-124，1986）

考古学と周辺科学 15

地形学2（地すべり）

テフラ層中に頻繁にみられる
地すべりなど自然の営力によ
る遺物・遺構の変位・変形には
十分な注意を払う必要がある

神奈川県立旭高等学校教諭　**上本進二**
（うえもと・しんじ）

　地すべりによって住居址・土壙・古墳などの遺構が攪乱を受けている報告例が最近多く見られるようになった。遺構を引き裂いたり変位・変形[1]をもたらす地すべりは，発掘調査において無視できない現象である。

　地すべりは地質条件を素因とし，流水・地下水・周氷河作用・地震などを発端（誘因）として重力が作用する物質移動の一種である。斜面を構成する岩盤・岩屑・テフラ層[2]などにすべり面が形成されることにより地すべりが発生し，地すべり粘土を作りながら下方へ移動する。地すべりはすべりを生じた箇所により，層すべり・スランプ（後傾回転）・岩屑すべり・基盤すべりに細分される。

　台地や丘陵の地すべりは集中豪雨によるものと地震の震動によるものが大部分である。一般的に集中豪雨によるスランプ型地すべりは傾斜5°以上の斜面に発生すると考えられているが[3]，地震の震動によって発生する地すべりは3°以内の平坦地でも起こっている。地すべりによって遺構や遺物が変位していると考古学にとっては重大な問題となる。とくにテフラ層の層理面に平行に滑る層すべりは，層序を乱したり遺構の壁を壊したり歪めたりせず，滑った層位（すべり面）よりも深く掘り込まれた部分だけを残して遺構上部が移動する。そのために，例えば深さ1.5mの土坑が1mまでしか検出されなかったり，住居址の柱穴が異常に浅かったりする事態が生ずる（図1）。移動量が少ない場合は断ち割り調査で残った遺構も検出可能であるが，移動量が遺構の直径よりも大きい場合は検出が難しい。

地すべり起源の地割れによる遺構の変位

　1982年6月末，局地的集中豪雨により富山県魚津市の南東方にある湯上台地の北陸自動車道サービスエリア建設工事現場で大規模な地すべりが発生した。地すべりが発生した一帯は国土地理院の地すべり調査や工事に先立つ地質調査でも地すべり地帯であるとの指摘はされていなかった。しかし，工事の前年におこなわれた湯上B遺跡の発掘調査では，弥生時代後期～古墳時代前期の住居址が地割れ[4]によって変位していたことから（図2），遺跡が地すべり地帯にあると予測されていたのである。湯上B遺跡は約27,000m²におよぶ広大な面積にもかかわらず，検出された住居址は3棟にすぎない。それに比して遺物の数が多いことから，「キャンプサイト」あるいは「分村」のような派生的集落として位置づけられており，当時の人々に地すべり危険地帯の認識があったのかも知れないと考えられている[5]。

　同じような地すべり起源の地割れは各地で検出されている。

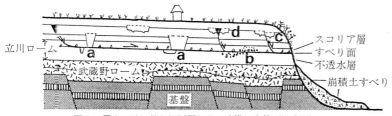

図1　層すべりに伴う正断層による遺構の変位（模式図）
（南関東のテフラ層に覆われた台地をモデルとして作製）
a：すべりによる土坑上部の移動，b：すべりによる礫群の移動，
c：すべりに伴う正断層で段差を生じた住居址，d：すべりに伴う地割れで引き裂かれた住居址

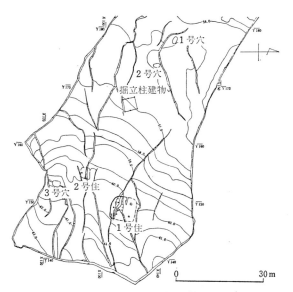

図2 湯上B遺跡第4地区遺構分布図
（富山県教育委員会，1982より抜粋，一部加筆）

横浜市神之木台遺跡では，細長い半島状台地に弥生時代の住居址39軒が検出され，そのうち7軒の床面が階段状の地割れあるいは亀裂によって乱されている[6]。台地を覆う厚いテフラ層内に発生した地すべりが原因と考えられる。

現在の地形から地すべりを検出するには，図3に示したような地すべり地形特有の等高線に注意を払うことである程度は検出可能となるであろう。しかし，現在の地表面からは検出できない地すべり跡の方が数としては圧倒的に多く，発掘調査ではじめて検出されることもある。そして，古傷が再び地すべりを起こす危険性を予測することも可能となってくる。

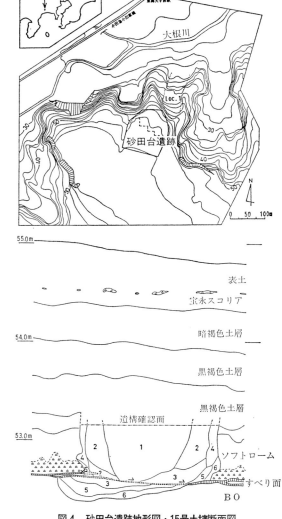

図4 砂田台遺跡地形図・15号土壙断面図
（宍戸・上本，1988より抜粋）

層すべりによる遺構の変位

神奈川県秦野市砂田台遺跡は神奈川県西部の北金目台地（標高51～55m，傾斜2°20′）にある（図4）。台地を覆う厚いテフラ層中には遺跡全体にわたって層すべりが起こっており，縄文時代早期の落し穴状土坑12基が最大48cmずれている[7]。本遺跡は弥生時代中期の環濠集落址を中心とする面積約13,000m²の遺跡であるが，すべりは立川ローム最上部の腐植質ローム層

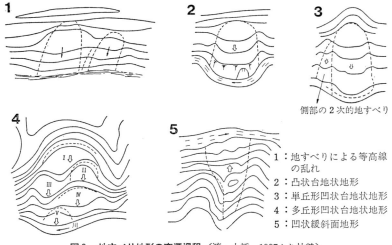

図3 地すべり地形の変遷過程（渡・小橋，1987より抜粋）

（下位）とスコリア層（上位）の間に発生しており，それよりも深く掘られている縄文時代早期の土坑12基はすべて変位している。すべり面は厚さ5mmの軟弱なテフラ起源と思われる粘土質細粒物質より構成されている。遺跡の東方約500mにある真田大原遺跡や王子ノ台遺跡でも同じ層位にすべり面が検出されている[8]。このことから台地の広い地域にわたってすべりが生じている可能性がある。すべりの発生時期は，すべり面よりも深く掘られている古墳時代前期の土壙が変位していないことから，縄文時代早期から古墳時代前期の間（約8,000〜1,600年前）であり，層すべり発生の誘因としては，豪雨と大地震が考えられる[7]。

神奈川県では古墳時代前期頃に巨大地震が起こった形跡が数カ所の遺跡から検出されており[9]，仮にすべり発生時期が古墳時代前期とすると，弥生時代の環濠集落址全体が10〜48cm北へ移動したことになる。また，すべり面直上のスコリア層が波状変形を受けている現象は遺物の移動という点から見逃せない[10]。

青森県八戸市牛ヶ沢(3)遺跡では，テフラ層中に発生した層すべりによって，傾斜12〜13°程度の斜面中の遺構に変位が起こっている。牛ヶ沢(3)遺跡第6号溝状ピットは中掫浮石層（層厚10〜30cm，縄文時代前期後半）中に発生した層すべり（滑り角9〜13°）によって約50cm下方に移動している（図5上図）。このほかに6つの遺構が同様の層すべりで変位しており，移動距離は最大4mに達している。地すべりが起こった時期は，変位している遺構の構築時期から縄文時代前期末葉以降と縄文時代晩期中葉以降から近世までの間の少なくとも2回あったと考えられている[11]。

同じく青森県三戸郡前比良遺跡でも，南部浮石層（層厚60〜100cm，8600年前）と下位のローム層との間の層理面で層すべりが発生しており，第1号溝状ピットをはじめとして住居址の柱穴ピットなど7遺構が変位している（図5下図）。移動量は20〜65cmで，8世紀中頃の竪穴住居址の主柱穴が変位していることから，地すべりの発生時期は8世紀中頃以降と考えられている。地すべりの原因については牛ヶ沢(3)遺跡と同様に豪雨と大地震の複合が考えられている[12]。

(1) 層すべりの発生誘因

スコリア層（浮石層）と下位のローム層の間ですべりが発生しやすい傾向にあるのは，地震動をきっかけとしてローム層が一時的に不透水層となり，浸透水の豊富なスコリア層ですべりが発生するものと考えられ，1984年の長野県西部地震の例をはじめとして一般的に軽石層はすべりやすいという指摘がある[13]。八戸市牛ヶ沢(3)遺跡と前比良遺跡では地すべりの発生誘因を豪雨と地震の複合と考えているが，両遺跡とも斜面の傾斜が10°前後であることに加えて，地山がスコリア層を含むテフラ層より成ることから，地震の震動がなくても地すべりが発生する条件を備えている。1968年の十勝沖地震では青森県下に多数の崩壊が発生しており，16年ぶりの規模の地震（M7.9）と，地震の前日までの30年ぶりの豪雨（200mm）が重なったために起こったものである。二つの誘因が同時に起こる確率は500年に一日であり，完新世程度の時間の中では起こりえるという研究もある[3]。砂田台遺跡の場合は2°

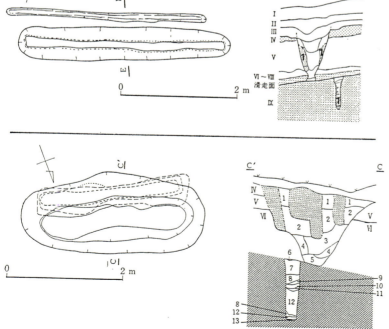

図5　牛ヶ沢(3)遺跡第6号溝状ピット（上）・前比良遺跡第1号溝状ピット（下）の変位（青森県教育委員会，1983・1987より抜粋）

20′という緩傾斜である点から，豪雨による地下水面の上昇と地盤のゆるみに地震の震動が加わって発生した可能性が高い。

(2) 層すべりの検出法

層すべりはテフラ層中に頻繁に見られる現象であるから，発掘調査の初期段階で試掘トレンチなどですべり面の有無を確認する必要があろう。すべり面には地すべり発生時の圧砕作用によって形成される厚さ1mm～数cmの地すべり粘土が挟まれている。地すべり粘土の特徴は母材となる上下の地山の性質によって異なるが，地山がテフラ層の場合はグリース状の粘性に富む細粒物質より成り，地山よりも明るい色を呈することが多い。しかし，遺構の覆土中ですべり面を識別することは難しいことが多い。また，すべり面には希に滑った方向を示す擦痕が残っていることがあるので，検出できれば最も新しい地すべりの移動方向を知ることができる。

大地震による地すべりと地割れ

神奈川県藤沢市慶応義塾藤沢校地内遺跡は，藤沢市北部の高座丘陵（下末吉面相当）中部の小出川谷頭部にある34万m²の遺跡である。高座丘陵の中央部はドーム状の隆起地域（寒川ドーム）にあたり，比較的起伏に富んでいる。本遺跡の発掘調査の結果，丘陵上に検出された旧石器時代～中近世の住居址などの遺構や遺物包含層が，激しい地割れ（最大幅6m）と断層によって著しい変位を受けている[14]。地割れや断層は，弥生時代後期～古墳時代前期の住居址を引き裂いており，旧石器時代の遺物包含層を1m以上も変位させている。さらに，下位の武蔵野ローム層中には，地震の際に生じたパミスダイク（細粒火山灰が液状化して土層内を上昇した跡）が認められ，高さ1mを越えるものもある[9]。

地割れの一つに直交するトレンチを掘ってみたところ，地割れは地下で正断層となり，ローム面から5.2mのところですべり面につながっていた（図6）。断層の変位量は20cm程度で，すべり面はB4層（スコリアを多く含む）とL5層（粘性の高いローム層）との間にあるほか，断片的なものが2枚観察できた。遺跡内の各トレンチでもB4層とL5層間のすべり面は確認されており，丘陵斜面部の地下にはほぼ全域にわたって図6のようなすべり面が存在するものと思われる。遺跡内に無数に分布する他の地割れも，すべり面が滑り動く時に形成されたものであろう。さらに，古墳時代前期の地割れがその後のすべりによって切断されている場所もあり，旧石器時代から宝永スコリア降下直後までの間に少なくとも4回の地震の痕跡が認められる[9]。このような地すべりによる地形変化は，地下水脈を変えたり表流水の水系変化を伴い[15]，重大な環境変化をもたらすと思われる。現実に本遺跡では，地割れ密集地を避けるように集落址が分布している。

また，群馬県赤城山南麓の諸遺跡でも818年の地震によって発生したと思われる地すべり起源の地割れが多くの遺構を引き裂いている例[16]があるなど，今後このような地震起源の地すべり跡の検出例は増加するものと思われる。

まとめ

地すべりの発生は地質・地形・気候条件に左右されている。四国のように風化しやすい結晶片岩よりなる壮年期の山地が大半を占め，しかも台風の影響を受けやすい地域では，台風のもたらす集中豪雨が地すべりの最も大きな誘因となっている。一方北陸地方では，第三紀層の丘陵が広く分布し，しかも豪雪地帯であるために，融雪による地すべりが大きい割合を占めている。地すべりの発生機構と浸透水の関係は不明な点が多いが，結局地盤の透水性とこの浸透水を地盤内に滞留させ

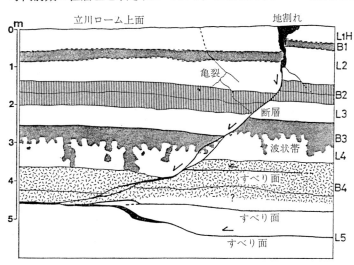

図6　慶応義塾藤沢校地内遺跡の層すべり露頭

る機構に関連するものであると考えられている[17]。

　テフラ層はローム層・スコリア層・パミス層などそれぞれ物理的性質の異なる火山灰層より構成されている。各層が斜面に平行に堆積している場所では，層すべりが頻発する。とくにスコリア層の上下では浸透水が滞留しやすいので要注意である。

　震度V以上の地震は地すべりを誘発する[15]。今市地震（1949年）・十勝沖地震（1968年）・伊豆大島近海地震（1978年）の際には実際に地すべりが起きており，歴史時代の文献史料にも地震に伴う地すべりの被害記録が残されている。箱根の芦ノ湖湖底の埋没林（逆さ杉）も1100年前・1600年前・2100年前の大地震によって発生した地すべりによって杉林がすべり落ちたものと考えられている[18]。同じく箱根山中の平山断層に沿う地域では，断層の活動に伴う5回のすべりが検出されている[19]。このような直接的な地震の影響によるものだけでなく，地震に伴って発生した地割れがその後の崩壊・地すべりの原因になったもの，地割れに沿う地下水湧出圧力によるものなど，間接的な影響も考えられている[20]。

　地震と地すべりによる環境変化が遺跡形成に与える影響は考古学上の課題であり，古地震研究の鍵ともなる。地すべりなど自然の営力による遺物・遺構の変位・変形[21]に十分な注意を払う必要があると思われる。

＜付記＞　本文を作製するにあたり，都留文科大学の上杉　陽教授，慶応義塾藤沢校地内遺跡発掘調査室の岡本孝之助教授・桜井準也氏，神奈川県立埋蔵文化財センターの河野喜映氏に御指導および資料の提供を頂いた。記して感謝の意を表します。

註
1)　本稿では，断層やすべり面を挟んで遺構の一部が食い違っている状態を変位，遺構が明瞭な食い違いを示さず歪んでいる状態を変形とした。
2)　本稿では，風化火山灰層をローム層，スコリア層・パミス層・風化火山灰層が累重している状態をテフラ層と呼ぶ。
3)　小橋登治ほか『地すべり・崩壊・土石流』鹿島出版会，1980
4)　本稿では南関東のテフラ層中によく見られる各種の割れ目を，断層・地割れ・亀裂に区分した。断層は遺構や地層を垂直・水平方向に変位させているもの，地割れは大きく開口した割れ目，亀裂は開口していない細かい割れ目で，変位が認められないもの

とした。従来，考古学では断層・亀裂・地割れを明確に区別しないで地割れで一括していたようであるが，変位を伴うかどうか，開口しているかどうかを遺構調査時に区分する必要があると思われる。
5)　富山県教育委員会『北陸自動車道遺跡調査報告―魚津市編―湯上B遺跡』1982
　　古岡英明「人間の英知と遺跡」埋文とやま，3，1983
6)　神之木台遺跡調査グループ『横浜市神之木台遺跡における弥生時代の遺構と遺物』第3冊，港北ニュータウン埋蔵文化財調査団，1977
7)　宍戸信悟・上本進二『砂田台遺跡I』神奈川県立埋蔵文化財センター，1989
　　宍戸信悟・上本進二「神奈川県秦野市砂田台遺跡の地すべりによる縄文土壙の変位」第四紀研究，27―3，1988
8)　東海大学校地内遺跡調査団『東海大学校地内遺跡発掘調査報告1』1990
9)　上本進二「神奈川県内の遺跡より検出された地震の痕跡」考古学と自然科学，22，1990
　　上本進二「南関東の遺跡から検出された地震の痕跡と遺物・遺構の変位」駿台史学，80，1990
10)　上本進二「南関東のテフラ層における波状帯の形成」考古学と自然科学，21，1989
11)　青森県教育委員会『牛ヶ沢(3)遺跡』1983
12)　青森県教育委員会『前比良遺跡』1987
13)　国立防災技術センター「昭和59年（1984年）長野県西部地震災害調査報告」主要災害調査，25，1985
14)　慶応義塾藤沢校地内遺跡発掘調査室『慶応義塾藤沢校地内遺跡発掘調査報告1』1988
15)　西田彰一・黒田和男・大八木規夫・山口眞一「地すべりをめぐって」アーバンクボタ，20，1982
16)　能登　健・内田憲治・早田　勉「赤城山南麓の歴史地震」信濃，42，1990
17)　渡　正亮・小橋澄治『地すべり・斜面崩壊の予知と対策』山海堂，1987
18)　大木靖衛「箱根芦ノ湖の湖底木から見た小田原付近の巨大地震」月刊地球，7，1985
19)　上杉　陽・米澤　宏「伊豆半島北縁平山断層の活動期」地震，2―40，1987
20)　中村三郎・望月巧一『斜面災害』大明堂，1984
21)　上本進二「考古学と周辺科学12―地形学―」季刊考古学，23，1988

書評

直良信夫著
近畿古代文化論考

木耳社
四六判 877頁
15,000円 1991年2月刊

　本書は，明石原人の発見で有名な直良信夫博士（1902—1985）が，1923—1932年の間，姫路，明石において病気療養しつつ考古学研究に情熱を燃した折の研究成果であり，また，一青年としての直良信夫の足跡を示す論文集である。本書の基となった『近畿古代文化叢考』は直良の姫路，明石時代の論文，報告36篇，395頁で，太平洋戦争戦局変化の1943年に諏訪出身の考古学者藤森栄一の経営する葦牙書房より刊行された。それは同書房の経営困難，藤森の出征に対応する直良の友情出版であったという。私もこの一書を所有していたが戦災で失い，そのご入手していない。当時，歩く・見る・考えるという若き日の直良の考古学の実践とその文章力に感銘したものであった。
　ところで本書の編者春成秀爾氏は，かねてより直良の広大，深遠な諸業績について，評価，検討，掘りおこしを行ない，偉大なナチュラリスト，博物学者，そして「直良学」を追求してこられた。そこには鋭い批判とともに博士に対する畏敬の念が常に底流として見受けられ，春成氏の「直良学」への執心が感じられる。同氏はすでに『日本旧石器人の探究』（六興出版，1985年），『大歳山遺跡の研究』（眞陽社，1987年），そして実際に明石原人の検証の指揮をとり『明石市西八木海岸の発掘調査』（国立歴史民俗博物館研究報告第13集，1987年）の編集を担当し，そのキャリアによって本書が編集されたのである。春成氏が今回，直良の姫路，明石時代の業績を編集し，刊行した理由は，旧著が当初2000部出されたにも拘らず，現在ではほとんど入手が困難であること，旧著にみられる銅鐸の出土状況の調査記録は不朽の価値を持ち，今後とも活用が予想されること，また旧著が直良の当時の仕事のすべてを収録していなかったことなどであって，直良の21歳から30歳までの業績の総決算を企図したわけである。
　本書は旧著を基にするが，原報告を収録することを原則とし，75篇，877頁の大冊となった。全体は「近畿地方の縄文式土器」「青銅文化とその遺跡」「甕棺と円筒棺の研究」の三部，これに付録として「追想の姫路・明石」，巻末に春成氏による解説によって構成されている。
　この三つの分け方は正当である。本書の刊行より4か月早く，直良博士門下の杉山博久氏によって『直良信夫と考古学研究』（吉川弘文館，1990年）が出版された。本書も直良の考古学研究における諸業績の整理，再評価が行なわれ，「貝塚研究」「砂丘遺跡の研究」「銅鐸の研究」「円筒棺の研究」を軸にして数篇の遺稿が収録されている。この両書を通して，私は直良の考古学研究は，姫路，明石時代にその基礎がうたれたことを，あらためて確認した。
　さて，第1部は近畿の縄文土器を学界に紹介した論文・報告であって，大歳山遺跡についての直良の関心度がよくわかるが，当時の八幡，山内らの層位的，型式学的研究を重視し考古資料の合理的，科学的認識に到達しようとする方法に対し，直良は，ロマン主義的色彩が強い考古学研究者であったことが，このように論文・報文を並べてみるとよくわかる。第2部では銅鐸研究へ直良の熱烈な追跡，鋭い問題意識の提起がみられ，今日の銅鐸研究の学界レベルの基層を見出すことができる。第3部の円筒棺の研究も明石時代における主要なテーマであって，調査した円筒棺は100件以上に達したという。なお，この報告原稿は森本六爾に貸与したまま行方不明になった（前記杉山氏著書）。付録は姫路，明石時代の随筆が集められ，直良の人柄を伝えて呉れる。
　本書は直良信夫博士の論文集の再刊ではなく，春成氏の直良博士の学問，人間の探究の結果として生まれた論文集である。前記した出版物とともに本書の刊行は日本考古学史上に確実に直良博士を位置付けるという大きな成果をもたらしたと思う。直良博士の青年期における先駆的な諸業績の中に学問の活力を見出すと共に，現代の考古学の在り方に深刻に，卒直に反省すべき時が来ていることを感じる。

第一部　近畿地方の縄文式土器
上代近畿の文化に関する一考察／瀬戸内海沿岸に分布せる縄文土器の研究／河内国府発見の縄文式土器片／河内日下の貝塚／兵庫県下における二つの石器時代炉について／近畿地方発見の石匙／西日本石器時代の陸産貝類／ほか

第二部　青銅文化とその遺跡
横帯式の銅鐸／石器その他を出土せる日本上代の遺跡と銅鐸との関係／銅鐸文化終相の研究／銅鐸面の動物画／石金併用期遺跡発見の鉄鏃について／垂水村新発見の銅鐸とその出土状態／本興寺所蔵の銅鐸／播磨吉田遺跡／二，三弥生式土器の文様について／大和唐古遺跡発見の弥生式土器一片の絵画／鐸形土製品の類品／ほか

第三部　甕棺と円筒棺の研究
埴輪円筒の合口棺／合口式円筒棺の一例／白水夫婦塚とその近周の合口棺／ほか

（桜井清彦）

書評

読売新聞社 編
巨大遺跡を行く

読売新聞社
A5判 317頁
3,500円 1991年4月刊

　『読売新聞』夕刊の国際文化面に97回にわたって連載〔1990年1月6日〜12月26日〕された「巨大遺跡を行く」が多数のカラー写真を配して単行本として刊行された。

　"人類の英知と力の遺産"と副題された本書は、「古代人のすぐれた創造性、想像力は驚嘆すべき規模の構造物となって世界中に散在する。その発想は、われわれに限りないロマンを感じさせるだけでなく、知的好奇心を刺激する。そして人々に、何を後世に伝えねばならないかを問いかけ、いま地球の主題である環境破壊への取り組みにも、新たな視点を与えてくれる。人類は結局、こうした先人の英知に寄りかかって、歴史を作って来たし、これからも作り続けるだろう」（まえがき）という認識にたって実施された「新聞記者のリポート」をまとめたものである。

　したがって、現在、われわれが共有している世界の古代遺跡、古代文明の痕跡の学術的な解説書、あるいは旅の手引き的なガイドブックの類とは内容を異にしている。

　31か国60遺跡を歩いた記者とカメラマンの「眼」は、かつて遺跡の地にそそがれていた人びとの情念を抉りだすとともに、現にその土地に生活する人達の感懐を引きだしている。対象とされた遺跡は、都市、都城、神殿、寺院、墳墓などに及んでいる。その多くは、古代の遺跡としてすでに定評のある所謂有名遺跡であるが、なかにはベトナムのミソン、ニャチャンなどのように、従来、あまり知られていない遺跡も含まれている。加えて、中国の大運河のごとく捉えどころのないモノに対しても取り組んでいる。

　トルコのボアズキョイにはじまった連載は、それぞれの地で黙々と発掘、調査、保存に従事する多くの考古学者の姿を淡淡と活写するとともに、それぞれの遺跡に対応する国柄を生き生きと伝え、読む者をして古代と現代との対話を考えせしめるところがあった。

　いま、一書となった本書を改めて紐解くと、連載中に味わった感興とは異なった感慨を得ることが出来る。それは「全景は使わない、観光案内式の写真はとらない」という方針を貫いたカメラマン側の構図のなせる術がカラー写真を通してひしひしと感じられてくるのもその一因である。遺跡のガイドブックの写真は「全景」中心主義であり、そのアングルの相異はあれ大同小異である例が多いが、本書に収められた「遺跡写真」はつねに「人」が息づいているのは流石である。また、記者の感性は、現実の遺跡を直視すると同時に遺跡に対応するもろもろの人びとの対話を引き出し、現代社会のなかに位置づけてみせる。

　ヒッタイト帝国の中心ボアズキョイを訪れた記者（矢澤高太郎）に対して発掘隊の第3代隊長ピーター・ネーベ博士が「ボアズキョイの全貌を現すために、私は生まれてきた。この遺跡の発掘は、これでもまだ全体の10％。全部掘るのにまだ何百年もかかる。学者は、自国、外国の区別なく、どこでも、いつまでも調査を続けなくてはならない」と言ったという。それは「まさに、欧米諸国の、文化に対する基本的理念を示す言葉だった」と感じた記者は、「ひるがえって、日本の現状を考えた場合、数十年がかりの海外調査ですら夢のまた夢。諸官庁はもちろん、企業からも相手にされないだろう」と日本の現実を喝破する。ここに取材記者の真骨頂が発揮されているといえるであろう。

　また、釈迦の四大仏跡の一つ、インドのサールナートを訪れた記者（小林敬和）は、その地に住む一人の日本人僧の言葉「私の願いは、インドにおける仏教の復興。微力ながら、ここに永住して頑張るつもりです」と紹介している。そこでは、遺跡と対しながら、敬慕する釈尊の思想を初転法輪のこの地で再興していく一人の「人」の生きざまを示してあますところがない。

　この二つの例をみても明らかなように、本書は、遺跡に常に「人」が登場する。それは、発掘の現場で指揮する考古学者、遺跡を管理する行政官、博物館の学芸員に加えて、現にその地を生活の場とする人、通りすがりの人びとであったりする。その切り口はまことに楽しい。対象遺跡には、概要とガイドが簡潔に記され、小辞典と旅行小案内の役割りを果しているし、挿入の地図も遺跡のおよその場所を知るのに親切な配慮である。

　このように見てくると、本書は「巨大遺跡」とは何か、などといった詮索をする必要もなく、世界の有名・無名遺跡を訪れた「記者とカメラマンが二人三脚で取材した最新リポート」であり、楽しい読物でもある。考古学を専攻している者にとっては、それぞれの遺跡の近況を提供してくれる便利な一書であり、また、世界の遺跡に関心をもつ人達にとっては、親しみのもてる道しるべとなっている。（坂詰秀一）

書評

大塚初重 編

図説西日本古墳総覧

新人物往来社
B5判 514頁
19,000円 1991年5月刊

　編者の大塚初重教授は，日本古墳研究の権威として知られるが，『土師式土器集成』『古墳辞典』『日本古墳大辞典』などの基礎的な資料集成・編集にも力が注がれ，平易で簡潔な啓蒙書なども多く，私どもは日頃からその恩恵を蒙っている。明治大で多くの門下を育てた教育者であり，文化財行政の指導にも大きく貢献し，現在日本考古学協会会長をつとめる斯界の重鎮であることはここに贅言を要しないであろう。本書は大塚氏のこれまでの経験と蓄積に加えて，明治大考古学関係者の広い人脈と組織のチームワークが核となっているからこそ上梓をみたといっても過言ではなく，まさに人を得たりの感をふかくするのである。本書を手にすると，後藤守一博士以来の明治大古墳研究の伝統と研究者層の厚みが重さとともに伝わってくる。

　さて本書は，西日本古墳研究の概要にはじまり，古墳を県ごとに配列し，各々の古墳の位置図，墳丘図，内部施設などの遺構，出土遺物など約8,000点におよぶ写真・図版を用い解説されている。報告書の基礎的な情報である遺構・遺物の図の主要なものは収載されているので，大要はこれで把握できる。ちょっとした類例の探索や資料の渉猟には威力を発揮するし，現在では入手がほとんど困難か，目に触れることさえ稀な文献からも図が採られているので，図書環境に恵まれない利用者には格別重宝であろう。

　大阪府以西の古墳230を選定しているが，その基準は「歴史的に重要と思われる」ものということらしい。編者による「西日本古墳研究の概要」は古墳の出現にはじまって収録古墳と大和王権との関係を軸に最新の成果を踏まえつつ概述しており，大塚氏の西日本古墳に対する捉え方が端的に理解できる。あまたの古墳のなかから歴史的にも重要な古墳を押えておくとすれば，本書はひとつの指針を与えてくれるであろう。情報洪水にしばしばとまどう昨今，時宜を得た出版といってよい。

　ところで分量の関係からか，書名は西日本古墳総覧とあるのに，実際は奈良・京都など畿内中枢域の府県分が収められていない。西日本といえば，福井・愛知を結ぶライン以西をいうのが一般的であるから，本書の収載内容を知らずに注文等で購入したばあい，心理的に不満を覚えるかもしれない。これらの地域は東日本古墳総覧に収録されるようだが，やはり近畿地方を分割してしまうと使いづらい。また重要な古墳を意図的に選択して解説したのであるから，総覧というのも内容にそぐわない感がする（もっとも本書の出版元は「○○総覧」の各種出版物は多いけれども……）。「図説西日本重要古墳選Ⅰ」とすべきものであろう。

　また図版の感想であるが，それぞれにスケールを配し，各図にキャプションをもれなく記しているなど手間隙をかけた作業ぶりがうかがえる。しかし，編者自身も述懐するように，盛りだくさんのあまり，写真・実測図の構成がやや窮屈で見づらい（見まちがえやすい）点は今後の改善が望まれる。同じ煩瑣なら実をとっていっそのこと罫線で区切ってもよかったのではないか。

　欲をいえば，各古墳項目に旧国別の表示なり，地域区分が配慮されるべきだったと思う。たとえば大阪，兵庫，福岡などの府県は，いくつかの旧国領域を含んでおり，それぞれ歴史的な環境がことなるし，現在でも旧国単位や河川流域別に議論されることは多い。現行の行政区分に，律令時代の国わりにそって截然と線引きし，かつ古墳（群）をマッピングする作業はじっさい上難しい。まして古墳時代となればなおさらであろう。

　とはいっても国造制→国県制→国郡制へと地方の政治機構が成熟してゆく過程を視点におき，古墳出現の背景あるいは消長を地域（地元）の側からたどる意味でも試みられてよい。府県別の各冒頭にある「古墳研究の現状と課題」でもそうした視点があまりみられないのは残念である。

　また，本文解説にみえる周堀・周濠・周溝など，考古学用語の統一は意図的にさけたらしく，執筆者の語法に従っている。付録のかたちでおもな用語の解説でもあれば，より活用しやすいものとなったであろう。

　この種の出版を企画・遂行するには，出版社の英断と編集スタッフの辛抱強い熱意が必要で，いくつかのハードルを乗り越えつつ完成をみるものである。関係各位の努力に敬意を表するとともに，続刊予定の東日本古墳総覧にも期待を寄せたいと思う。皮相的な批評と舌足らずな紹介に終始したが，本書の便利さと有用性は，なによりも座右におき，活用してこそ実感できるものであって，古墳研究の好個の道標として，お薦めしたい。

（中山清隆）

書評

高山 純著

南太平洋の民族誌
江戸時代日本漂流民のみた世界

雄山閣出版
A5判 262頁
4,500円 1991年3月刊

 私は、これまで著者の書かれた『縄文人の入墨』（講談社）・『ミクロネシアの先史文化』（海鳴社）や論文など、いくつかのものに眼をとおし、いずれにも興味を持った。というのは、これら著作の数々が私にとっては未知の分野で、その大半がフィールド・ワークからの資料で述べられ、実証性に富んでいるからである。さらに著者の思考と人間性が時折あらわれるためである。それと、研究の領域が広く、しかも一つの分野からのアプローチではなく、考古学・民族誌・文化人類学・文献史学など、いろいろの角度から切り込み、かつ統合して再構成、あるいは結論づけている点にある。
 著者は慶応義塾大学で民族学を故松本信広、考古学を江坂輝彌氏に学び、大学院を終えてからオセアニア学研究の中心をなすハワイ大学やビショップ博物館で研鑽を積み、遺跡の発掘にも参加した。こうした研究プロセスを経たうえで、1970年にミクロネシアのロタ島で発掘を試みた。これ以降こんにちにいたるまでオセアニアの島々で調査し、その成果が発表されるたびにオセアニア学の仲間から注目され、彼らは著者のことを親しみをこめて≪ジュン≫と呼んでいる。
 アメリカでは遺跡の発掘に家族が参加することがあると聞く。太平洋の孤島で発掘するにはチームワークが重要である。著者はこの点を重視し、大学生の子息を加えるなどして家族的な雰囲気を大切にしながら厳しい条件下で汗を流している。こうしたメンバーだからこそ、島の人たちのあたたかい協力が得られるのではなかろうか。現在、私をふくめ若手の研究者の一部には、できるだけ条件の整ったなかで調査をしようと考える。これでは日本を離れて調査ができるか疑問だし、はたして先史人やその土地の人の生きざまで理解できるだろうか。
 著者はオセアニアに何度も足を運び、島の人たちとの生活も長く、この地の民族誌にも精通しているので、江戸時代の漂流民がみたマルケサスやハワイの島々などの状況を執筆するには適任者である。そのことは、本書が漂流記をあつかった他書とはちがい、内容がすこぶるよいことからも証明される。
 さて、読者は≪南太平洋≫という言葉から、どんなイメージをいだくであろうか。紺碧の海に浮かぶ白いサンゴ礁、椰子の上に輝く南十字星など、各人が魅惑の世界を想像するであろう。観光用パンフレットに楽園と紹介されている世界には、ジェット機ならば十数時間で行ける。しかし、まるで地獄へでも行く心地で、何十日もかけてたどりついた者たちがいる。いったい、彼らは楽園といわれる島々をどうとらえたのか興味をそそられる。
 本書の主人公たちは、太平洋の波風に翻弄されながら自分らのめざす地とはちがう異国にたどりついた。おそらく、眼や耳にするすべてのものが好奇なものに映り、帰国したならば家族らに話したいと思ったにちがいない。しかし、彼らの語った漂流記を読むかぎり、そこからは南太平洋の人々やその生活習慣は十分読みとれない。それは聞き手の知識不足と平常心を失い、文化衝撃を受け、帰ることのみに気をとられていた者からの口述ではしかたないことである。それをさまざまな資料を使い、修正し、生き生きとよみがえらせてくれたのが著者である。もちろん、先学の論文にも眼をとおし、逐一検討されているので、その史料批判も参考となる。
 では、オセアニア学ないし南太平洋の民族誌の入門書としても興味をいだかせる研究書の内容をかかげてみよう。

 外国の史料から見た『環海異聞』のマルケサスとハワイの記事の検討
 天寿丸漂流民の見たハワイとキリバス諸島
 万次郎の見たオセアニアの島々
 アメリカ側の史料から見たハワイにおける若宮丸漂流民
 コッツェブーの記録から見た督乗丸
 オセアニアの人と文化の日本起源論批判
 米国捕鯨の歴史と捕鯨船員の生活

 以上、7章から構成され、もっともページ数をとっているのが、『環海異聞』の章で、著者の意気込みが感じられる。各章にいえることは、漂流民のみならず私たちが眼をこらして見たくなる民族誌の図や写真が多く使われているため、異文化の世界とはいえ、引き込まれてゆく。それは、あたかも南太平洋に誘われるかのごとくである。そして、今後オセアニア学を志す人々のために邦文と欧文の文献をたくさんのせている。ここにも読者をオセアニア学へ導きたいという著者の姿があらわれている。

 いまや国境は開かれ、あらゆる人と物と情報が行き交い、新しい時代の流れに変わりつつある。考古学の分野でも著者らの唱える民族考古学が注目されてきた。本書もそのさきがけであるので、ぜひページを開かれることを勧める。

（関 俊彦）

論文展望

（敬称略　五十音順）
選定委員
石野博信
岩崎卓也
坂詰秀一
永峯光一

平口哲夫
縄文時代の「石槍」から見た旧石器時代の「槍先形尖頭器」
—北陸の遺跡出土例を中心に—
伊東信雄先生追悼　考古学古代史論攷
p. 51～p. 66

縄文時代の「石槍」多量出土例として能登半島内浦沿岸の新保遺跡と真脇遺跡があげられるが，北陸の縄文時代早期以降の遺跡としては例外的な存在である。この事実に立脚して旧石器時代の「槍先形尖頭器」を検討することは，各時代の石器研究に役立ち，かつ両時代全体を通観する作業の一環ともなる。

なお，形態型式学的に「石槍」＝「槍先形尖頭器」と理解し，日本の旧石器命名方式の基本に従うならば，「槍先形尖頭器」よりも「槍先形石器」の方が整合的で，しかも簡潔であるから，「石槍」との統一語として「槍先形石器」を用いることにする。

真脇遺跡では，獣類組成の圧倒的主体をなすイルカ骨に伴って槍先形石器が多量に出土した。そこで，石器・動物遺体両方の分析結果やイルカの習性などにもとづき，真脇遺跡のイルカ漁には，網を用いた追い込み法と「石槍」を用いた突き取り法が併用されていたものと結論づけた。

鳴鹿山鹿遺跡出土の有舌尖頭器は，薄く狭長に仕上げたものが主体をなす。この種の石器は，獲物に深く突き刺さることをねらったばかりでなく，投槍用としての軽量化をはかったものであろう。福井平野の扇状地頂部に位置する鳴鹿山鹿遺跡においても，真脇遺跡のイルカ漁のように，なんらかの特徴的な狩猟体系があったのかもしれない。

立野ヶ原台地に位置する立美遺跡の木葉形尖頭器は，新保遺跡や真脇遺跡の槍先形石器の一部と共通する形態的特徴をもつ。真脇遺跡の場合，追い込んだカマイルカの逃亡を防ぐために槍で突いたり，捕獲したイルカの頸動脈を切ってとどめを刺すとか，血抜きをする場合に用いられたようだ。立美遺跡の槍先形石器も，陸獣類に対してではあるが，真脇遺跡の場合と同様の使用方法が考えられる。単独装着の槍先形石器の出現は追尾型から即殺型への脱却を意味するのであろうか。（平口哲夫）

今福利恵
勝坂式土器様式の個性と多様性
考古学雑誌　76巻2号
p. 1～p. 35

勝坂式土器様式は複雑で多くの型式から成り立っていると理解されている。それぞれの型式は互いに独立し，あたかもその多様性によって存在しているかのようである。しかし，そこには土器様式を成立させている基本的な法則がみられる。それらの様々な規則を通じ変換性と保持性という視点で勝坂式土器様式を統一している型式間の文様構造を理解しようとしたものである。

勝坂式土器の深鉢形土器において基本的に20の型式を抽出した。これらを時間的に四期に細分し，各時期のそれぞれの型式を検討していく。切り込み方として，型式に対して範型の概念を用いる。それは複雑な多様性の原因となるものである。まず土器の文様を文様要素のユニットである文様帯とそれらの配列という二つのレベルで捉えていく。この文様帯とその配列に一定の決まりが存在し，これ

を範型とする。これをもとにして一次変形，二次変形などの変換をうけて多種多様な土器が生成されていくと考える。

こうした視点で勝坂式土器を分析してみると基本的な文様の範型は四つに分類することができ，一貫してみられる本来の範型は二つである。これが勝坂式土器を様式として統一している基本範型である。これをもとに変形を繰り返し，その中で一定のパターンが認識され，他の型式つまり個別範型を生みだしていく。この個別範型もまた変形されていく。つまり土器様式としての統一性の中で，その許容範囲内で土器が変形されていきながら多数の型式が生成され，複雑な型式内容を持つ土器様式として成立していると捉えることができる。この二つの範型を把握することにより，勝坂式土器様式の個性を捉えることができ，また変換性を認識することによってその多様性をも明確に理解することができる。　　　　（今福利恵）

酒井龍一
畿内弥生社会の時代的枠組
考古学を学ぶ会研究論集　3集
p. 59～p. 65

考古学における時代区分は，「研究目的」に応じて個々に設定すべきである。筆者は，従来から弥生社会の枠組モデルと，社会変化の過程モデルの構築に関して，様々な試行錯誤を試みてきた。具体的には，「弥生社会の形成過程の究明」・「弥生社会の構造の究明」・「弥生社会の解体過程の究明」の3本柱を作業課題としてきた。この立場を前提とし，広義の弥生時代を，縄文社会から弥生社会への構造変成過程＝縄文晩期～

弥生前期、弥生社会としての構造維持過程＝中期初頭～中期末と、そして弥生社会から古墳社会への構造変成過程＝弥生後期～末期という、基本的な３区分を設定している。

前後二つの構造変成過程の実情を把握するには、既存の認識では不十分なので、適切な観察モデルが新たに必要となり、大阪文化財センター設立15周年記念論文集（印刷中）に「考古学的社会変成過程観察モデル」と題し、その基本的認識を提示した。一方、弥生社会の構造維持過程＝弥生社会の基本枠組モデルについては、田中義昭氏の提唱する「拠点集落」概念に重要性を認め、「拠点集落と弥生社会」（『日本村落史講座２』雄山閣）「弥生社会のしくみはどうなっていたのか」（『争点　日本の歴史』新人物往来社）などに多くを試みている。

本「畿内弥生社会の時代的枠組」では、その時代枠組の目盛りとして、小林行雄氏を始めとする先学による土器研究の成果を踏まえ、弥生社会の「形成過程」を０様式＝前半、１様式＝後半、「構造維持過程」を２・３様式＝前半、３・４様式＝後半、そして「解体過程」を５様式＝前半、６様式＝後半、とそれぞれ区分し対応させたものである。　　　（酒井龍一）

北條芳隆
腕輪形石製品の成立

待兼山論叢　24号
p. 73～p. 96

本論は、鍬形石・車輪石・石釧の三種類からなる腕輪形石製品が前期古墳の副葬品としてどのような一般的特徴をもつのか、また成立の経緯はいかなるものであったかを概括的に検討したものである。これら三種類はいずれも列島各地の首長層に共有された威信財であると考えられているが、種類ごとに分布範囲は異なるし、同一地域内でも古墳ごとに副葬数や組合せ関係に大きなばらつきがある。こうした状況を整理すべく、まず三種類の副葬状態と古墳の規模や墳形との相関関係を統計的に検討することにした。その結果、判明したことは以下の点である。

①三種類の副葬状態には古墳の墳形や規模に応じた品目の選択性がある。仮に三種類を上位、下位の関係に置き換えるならば、鍬形石、車輪石、石釧の順となる。また組合せ関係も古墳の規模と大まかな相関関係を示す。②畿内地域と他地域とでは副葬状態が異なるようであり、①の傾向が顕著に現われるのは畿内地域である。こうした作業結果をみると、腕輪形石製品は一義的に畿内諸地域の諸首長に共有されるべき威信財ないしは祭祀用具として成立した可能性が高いと考えられる。

また大阪府忍岡古墳例のように、最古型式の鍬形石には鍵手文の忠実な文様構成を踏襲するものがあり、他の鍬形石各型式にみられる沈線表現はその退化過程であると理解される。このことは、祖形貝輪との型式学的連続性が従来以上の整合性をもって把握可能な段階にきていることを示すと同時に、祖形となった貝輪は直弧文が成立しつつあった畿内地域に一旦持ち込まれた後、この独特な文様が施される経緯を経たことの証拠ともなろう。

腕輪形石製品は畿内地域に搬入され珍重された貝輪形式をモデルとし、成立後は中枢勢力内部の諸首長間の序列を表現すべき威信財の一品目をなした、つまり畿内地域を核とした地域性をもつと理解されるのである。　　　（北條芳隆）

今村啓爾
鉱山臼からみた中・近世
貴金属鉱業の技術系統
東京大学文学部考古学
研究室研究紀要　９号
p. 25～p. 73

日本の考古学にとって未開拓ではあるが大きな可能性を秘めた分野に、鉱山の考古学がある。とりわけ重要なのは、中世末期から近世初頭にかけての金銀鉱山である。この時期、日本の貴金属鉱業は大きな発展をとげ、日本は世界有数の金銀産出国となり、それがアジアの貿易の流れを変えるほど大きな影響力を持ったと考えられている。

しかし戦国時代の鉱山に関する文献資料はきわめて乏しく、文献からの解明には限界がある。一方、日本の各地の山間部には中～近世の鉱山遺跡が多数眠っている。ここに考古学がその力を発揮できる格好の分野がある。

私達は1986～1989年にわたり山梨県塩山市黒川金山遺跡の調査を行なった。その報告書は現在準備中であるが、この遺跡現地に多数散在する石臼などの鉱石粉砕用具は、鉱山遺跡を代表する遺物であり、これこそが鉱山考古学の要となる資料であると考えられた。

筆者はこの黒川金山の調査と並行して日本各地の鉱山遺跡を巡り、地元に収集されている鉱山用石臼を調べて回ったが、その知見のまとめが本論文である。

鉱山の石製鉱石粉砕具には粗割工程での凹み石と粉砕工程でのものがあり、後者は作業の方法によって大きく、搗き臼、磨り臼、回転式の臼に分けられる。

鉱山の臼は鉱石という固い対象物に対して用いられたため、摩滅が激しく、現在残る資料の大部分は、摩滅しすぎて使用できなくなって捨てられたものである。したがってその分類にあたっては、残っている形よりも、摩滅の跡の観察からどのような使用法が行なわれたかを理解することが重要である。その詳細をここで述べる余裕はないが、結論として、鉱山用石臼は日本で独自に発生、発達した可能性が強く、もっとも原始的なタイプは、現在の知見では甲州・駿河の戦国期金山に見られるとした。　　　（今村啓爾）

●報告書・会誌新刊一覧●

編集部編

◆**考古学・古代史論攷** 伊東信雄先生追悼論文集刊行会刊 1990年11月 Ｂ５判 727頁
前期旧石器文化から後期旧石器文化への移行について…岡村道雄
東北日本の細石刃核……加藤 稔
縄文時代の「石槍」から見た旧石器時代の「槍先形尖頭器」
　…………平口哲夫
Some characters of composite tools set with blades and microblades in the Neolithic China …………佐川正敏
石器剥離面の切り合い関係について……………小林博昭
素山上層式の再検討……林 謙作
津軽海峡の先史文化交流
　…………福田友之
宮城県出土土製品２種の報告
　…………興野義一
北海道木古内町新道４遺跡出土の「石包丁」形石器……千葉英一
東北北部の初期水田遺構
　…………村越 潔
岩手県における弥生時代の石器器種組成……………相原康二
東北地方における弥生文化
　…………須藤 隆
東北古墳時代における画期について…………辻 秀人
統一新羅の銙帯金具……伊藤玄三
南東北地方における歴史時代の須恵器編年Ⅰ…………木本元治
瓦生産の諸段階………渡邊泰伸
多賀城創建以前の律令支配の様相
　…………進藤秋輝
東北城柵のいわゆる柵木について
　…………桑原滋郎
大津京と穴太廃寺……小笠原好彦
俘囚と考古学…………阿部義平
国府周辺の集落構成……川崎利夫
擦文文化の形成と特質…横山英介
宮城県の阿弥陀来迎図像板碑
　…………藤沼邦彦・石黒伸一郎
会津若松市蚕養窯跡内の井戸跡出土の陶磁器類…………柳田俊雄
◆**岸遺跡** いわき市教育委員会刊 1990年３月 Ｂ５判 301頁

福島県いわき市南部の沖積低地の遺跡である。調査された遺構は平安～江戸時代にかけての掘立柱建物跡・井戸・溝・墓などで，多数の土師器・須恵器のほか土製馬・石帯が出土している。
◆**板倉町の遺跡と遺物** 群馬県板倉町史編さん委員会刊 1991年７月 Ｂ５判 612頁 5,000円（〒共）
学史に残る古東京湾最奥の早期貝塚・板倉遺跡，三角縁仏獣鏡や銀象嵌円頭大刀を出土した古墳など
◆**草山遺跡Ⅲ** 神奈川県立埋蔵文化財センター刊 1990年12月 Ｂ５判 805頁

神奈川県西部の秦野市に所在する縄文時代から近世に至る複合遺跡で，奈良・平安時代の集落跡の一部と調査の成果を載せる。竪穴住居址193軒，掘立柱建物址201棟が報告されており，遺物は土師器・須恵器・灰釉陶器などの土器類が中心で，他に金属製品347点，砥石100点などが出土している。
◆**棚畑遺跡** 茅野市教育委員会刊 1990年12月 Ａ４判 1,101頁

長野県茅野市の北部に所在する遺跡で，舌状台地の先端部に中央部に土壙を配して環状に集落が形成されたものである。主体をなす遺構は，縄文時代中期を主とする住居址149軒と垂飾や甕棺を伴う土壙，焼土と骨片を伴う土壙など計652の土壙である。遺物は完形品234点を含む590点の縄文土器，45点の土偶，土製円板，垂飾などの土製品が注目される。
◆**社・牧野** 大谷女子大学資料館刊 1990年12月 Ｂ５判 335頁

中国山地の中央部近くに位置する兵庫県加東郡社町吉馬，牧野に存在する吉馬古墳群及び東播北部古窯跡群の調査報告書。小丸山第１～３号墳は横穴式石室を主体部とする後期古墳で，第１号古墳より出土した４体の人骨は被熱しており，カマド塚などとの関連も問題となる。吉馬窯跡群は７世紀中

葉～10世紀代の窯跡であり，今回報告の吉馬第32号窯跡は窯体の作り替えが５度行なわれていることなどから須恵器の型式編年上きわめて重要な資料である。
◆**永井遺跡** 香川県教育委員会刊 1990年12月 Ｂ５判 1,326頁

香川県の西部，丸亀平野の西側の善通寺市域に所在する。遺跡周辺は条里の遺制に基づく水田が広がっているが今回の調査で縄文時代後・晩期から江戸時代に至る様々な遺構・遺物が出土した。とくに縄文時代では建物跡や溝跡，河川跡からトチ・クリなどを保存・加工した遺構が確認でき，さらに川底に打ち込まれた杭なども注目される。
◆**永岡遺跡Ⅱ** 筑紫野市教育委員会刊 1990年３月 Ｂ５判 223頁

福岡県筑紫野市の低丘陵上の遺跡で，弥生時代の甕棺墓101基，木棺墓20基，土壙墓５基，祭祀土壙18基，土壙５基や多数の遺物が出土している。また木棺墓・甕棺墓が列状をなして埋葬される二列埋葬や，弥生時代人骨の研究の重要な資料であり，出土人骨の分析，それを基とした埋葬に関する論考などを載せる。
◆**中野上の原古窯跡** 福岡県小石原村教育委員会刊 1990年11月 Ｂ５判 264頁 4,360円（〒共）

10室を数える連房式登窯があり碗・皿・鉢・擂鉢などの陶・磁器，土管・窯道具を出土。地磁気年代によって18世紀前半の時期が想定される。
◆**よねしろ考古** 第６号 よねしろ考古学研究会（秋田県鹿角市花輪字中花輪34 藤井方） 1990年12月 Ｂ５判 45頁
大湯環状列石周辺遺跡の配石遺構について…………藤井安正
環状列石と建物跡………秋元信夫
有史時代に降った十和田火山起源の火山灰について……鎌田健一
大湯環状列石周辺遺跡の古環境

104

…………成田典彦

鹿角市八幡平出土の鋒形石器
………佐藤　樹・古川孝政

◆**新潟考古学談話会会報**　第6号
新潟考古学談話会　1990年12月
B5判　42頁

新潟県における縄文時代晩期終末
　から弥生時代中期前葉の土器
…………渡辺朋和

新潟県における古代・中世の井戸
…………渡辺ますみ

県内の弥生中期の土器…高橋　保

越後の後期弥生土器とその様相
…………品田高志

東北古代ロクロ土師器甕の二系譜
　と須恵器との関係……坂井秀弥

上越市西戸野花立遺跡の中期縄文
　土器…………寺崎裕助

◆**新潟史学**　第25号　新潟史学会
1990年10月　A5判　88頁

馬高式土器の再検討……廣野耕造

◆**千葉県文化財センター研究紀要**
第12号　千葉県文化財センター
1990年10月　B5判　230頁

上総における瓦生産の一例
…………永沼律朗

「瓦と建物の相剋」試論
…………今泉　潔

◆**旧石器考古学**　No.41　旧石器
文化談話会　1990年11月　B5判
108頁

象がつくったヴィーナス
…………春成秀爾

アジアの旧石器時代(1)…安斎正人

AT下位の石器群の遺跡構造と分
　析に関する一試論(1)
…………大工原　豊

中国北部における後期旧石器時代
　の狩猟活動………加藤信二

佐世保市針尾島の黒曜石・サヌカ
　イト原産地と旧石器遺跡
…………米倉浩司

高知県における後期旧石器時代の
　様相………山口将仁

岐阜市轟川流域の旧石器
………沢田伊一郎・長屋幸二

奈良県宇陀郡榛原町内牧採集の有
　舌尖頭器………柳沢一宏

兵庫県杉ヶ沢第13地点遺跡採集の
　石器……田中　徹・久保弘幸

◆**物質文化**　第54号　物質文化研
究会　1990年12月　B5判　76頁

ナイフ形石器文化の画期と変容
…………伊東　健

撚糸文系土器終末期の諸問題(Ⅳ)
…………原田昌幸

南関東における竈形土器を持つ集
　落遺跡の性格………水口由紀子

古代・中世の鉄鏃………津野　仁

◆**考古学雑誌**　第76巻第1号　日
本考古学会　1990年10月　B5判
128頁

東北地方における縄文時代早期後
　葉から前期前葉にかけての土器
　編年…………相原淳一

所謂「越式鼎」の展開
…横倉雅幸・西江清高・小沢正人

◆**考古学雑誌**　第76巻第2号
1990年12月　B5判　128頁

勝坂式土器様式の個性と多様性
…………今福利恵

儀仗の矢鏃…………川西宏幸

◆**月刊文化財**　No.326　文化庁編
1990年11月　B5判　60頁

縄文時代の玉…………原田昌幸

縄文時代の櫛…………橋本富夫

縄文時代の笄・簪…小井川和夫

縄文時代の耳飾り………増田　修

縄文時代の腕飾り………上野修一

縄文時代の貝製腕輪……堀越正行

北海道八雲町コタン温泉遺跡の貝
　塚出土装身具………三浦孝一

埋葬状態からみた縄文人のアクセ
　サリー…………岡村道雄

◆**信濃**　第42巻第10号　信濃史学
会　1990年10月　A5判　80頁

赤城山南麓の歴史地震…能登　健
内田憲治・早田　勉

縄文時代中期勝坂式・阿玉台式土
　器成立期における竪穴住居の分
　析…………小林謙一

北陸北半地域における後期前葉土
　器型式の再検討………阿部芳郎

地域編年の再検討………小山岳夫

◆**信濃**　第42巻第11号　1990年11
月　A5判　92頁

泥塔供養の一考察………畑　大介
郷道哲章

◆**信濃**　第42巻第12号　1990年12
月　A5判　118頁

古墳時代の祭祀をめぐる一考察
…………桜井秀雄

◆**信大史学**　第15号　信大史学会
1990年11月　A5判　154頁

墓の副葬品のあり方について
…………松本建速

◆**三河考古**　第3号　三河考古刊
行会　1990年10月　B5判　128頁

欠山・元屋敷様式の高坏の分類
…………贄　元洋

須恵器出現以降の土師器の変遷
…………小林久彦

舟山2号墳実測調査報告
……三河考古刊行会

豊橋市日吉神社古墳石室実測調査
　報告……愛知大学日本史専攻会
　考古学部会

上ノ段遺跡採集の子持勾玉につい
　て…………森　泰道

豊田市梅坪遺跡出土管状土錘の分
　類…………杉浦裕幸

東三河の城下町(2)……伊東厚史

安祥城絵図…………天野信治

◆**Mie history**　vol.2　三重歴史
研究会　1990年11月　B5判　58
頁

鈴鹿市起A遺跡出土の縄文中期末
　葉の土器…………田村陽一

「亜流遠賀川式土器」再考
…………鈴木克彦

◆**金大考古**　第18号　金沢大学文
学部　1990年11月　B5判　129頁

岐阜城千畳敷の発掘……内堀信雄

真脇・赤浦・上山田人骨の炭素安
　定同位体比についての考古学的
　解釈…………平口哲夫

「瓦器調度具類」研究覚書
…………滝川重徳

Nasco文化成立期の土器編年
…………馬瀬智光

◆**古代文化**　第42巻第10号　古代
学協会　1990年10月　B5判　61
頁

北海道における黒曜石の交易につ
　いて…………杉浦重信

北海道有珠採集の恵山式土器にお
　ける非恵山式的特徴について
…………大島直行

北海道余市町フゴッペ洞窟前庭部
　出土の鉄製武器
………野村　崇・瀧瀬芳之

クマの胆考…………天野哲也

オホーツク文化と同仁文化
…………菊池俊彦

アムール河下流テバフ遺跡出土土
　器について…………臼杵　勲

105

◆古代文化　第42巻第11号　1990年11月　Ｂ５判　62頁
信濃野辺山原の細石刃文化
　…由井茂也・吉沢　靖・堤　隆
石狩低地帯における擦文時代後期の土器について……中田裕香
洛東江水系一帯の首長層の性格
　………………木村光一
考古太平記(8)…………三森定男
◆古代文化　第42巻第12号　1990年12月　Ｂ５判　65頁
鴻臚館の成立………平野邦雄
鴻臚館跡の調査概要……折尾　学
『縄紋文化』の構図（下）
　…………………山田昌久
縄文時代の地域社会論に関する一試論…………山本直人
◆研究紀要　第１輯　古代学研究所　1990年11月　Ｂ５判　151頁
先土器・旧石器そして岩宿時代
　………………鈴木忠司
柴犬のルーツを探る……江坂輝彌
「經塚」の概念………坂詰秀一
アコリス遺跡出土の二基の奉献碑について………富村　傳
南部マヤ考古学の諸問題
　………………大井邦明
◆花園史学　第11号　花園大学史学会　1990年11月　Ａ５判　84頁
中世城跡と堀の発生と展開
　………………村井毅史
大和における飛鳥時代古墳の一例
　………………村社仁史
◆天理参考館報　第３号　天理大学附属天理参考館　1990年10月　Ｂ５判　120頁
塚穴山古墳発掘中間報告
　………………竹谷俊夫
天理参考館所蔵の金銅装頭椎大刀
　………………山内紀嗣
天理参考館所蔵の浮彫心葉形鏡板について………高野政昭
花粉分析からみた奈良盆地の近世近代の植生，栽培，景観
　………………金原正明
天理参考館所蔵オリエントのガラス製腕輪………巽　善信
英国・ケンブリッヂ大学と三輪遺跡の発掘………置田雅昭
◆待兼山論叢　第24号　大阪大学文学部　1990年12月　Ａ５判　105頁

腕輪形石製品の成立……北條芳隆
◆ヒストリア　第129号　大阪歴史学会　1990年12月　Ａ5判　219頁
戦国期城郭・城下町の構造と地域性………………千田嘉博
◆郵政考古紀要―江坂輝彌先生古希記念特集号　郵政考古学会　1990年11月　Ａ５判　62頁
江坂先生の韓国百回記念旅行
　…………………渡辺　誠
切手・手紙について………金元龍
韓国東南部の櫛文土器貝塚で猪を模した土製品発見……江坂輝彌
沖縄考古学の概要と最近の成果
　…………………金武正紀
郵便切手に見る考古学……平井尚志
「ジョッキ形土器」小考
　…………………島津義昭
韓国慶州・雁鴨池出土の刳舟
　…………………辻尾榮市
◆考古学論集　第３集　考古学を学ぶ会編　歴文堂書房刊（大阪市東成区神路1―7―15）　1990年10月　Ｂ５判　457頁
考古学研究者結婚様式論
　…………………佐原　眞
旧石器群に関する統計的分析の試行………………舘　邦典
西日本における縄文早期の住居形態をめぐる二，三の特質と地域性………………和田秀寿
畿内弥生社会の時代的枠組
　…………………酒井龍一
日本出土の木製短甲……神谷正弘
石棺から石室へ………宇野慎敏
中南河内の『布留系』土器群について………………米田敏幸
埴輪をめぐる製作集団の動向
　…………………河内一浩
造出しに関する覚え書き
　…………………田中清美
前方後円墳からみた古墳時代の阪神地方………………森岡秀人
紀ノ川流域の五世紀の古墳をめぐって………………三宅正浩
河内の横穴墓………花田勝広
志摩式製塩土器考……山本雅靖
平安京の埋納遺構……久世康博
中国新石器時代文化の多中心発展論と発展不均衡論……佟柱臣
◆紀要清友　第２号　大阪府立清友高等学校　1990年3月　Ｂ５判

89頁
八尾にいたか「旧石器の狩人たち」
　…………………吉岡　哲
◆河内どんこう　第31号　やお文化協会　1990年６月　Ｂ５判　134頁
寺地地名(1)…………吉岡　哲
　　　　　　棚橋利光ほか
藤ノ木古墳の調査をふりかえって
　…………………吉岡　哲
◆考古学研究　第37巻第３号　考古学研究会　1990年12月　138頁
アメリカ考古学と日本考古学
　………………佐々木憲一
古代吉備における軒瓦の様相
　………………駒井正明
西日本の黒色土器生産（中）
　…………………森　隆
器面調整の実験研究……村田章人
縄文時代の生産と流通……中村修身
◆古文化談叢　第23集　九州古文化研究会　1990年11月　Ａ５判　148頁
西日本の弥生時代土壙墓
　………………小田富士雄
大同江流域の土壙墓社会
　………林炳泰・武末純一　訳
柴川の吉野ケ里………武末純一
広島県太田川下流域の竪穴式石室
　…………………妹尾周三
古代都市・大宰府の検討
　…………………狭川真一
渤海山城理解のために…高橋学而
遼の面具と銅・銀糸網絡
　…………………長谷川道隆
大分県下の中世遺構から出土した鉄鍋の金属学的解析…………
　佐々木稔・村上久和・赤沼英男
◆九州考古学　第65号　九州考古学会　1990年11月　Ｂ５判　102頁
網漁における伝統的沈子についての２，３の報告………平川敬治
イルティシュ河上流域及びその近隣地域における石人についての検討（下）………………張志堯
　　　　　　　　王小軍訳
山隈窯跡の調査
　………九州大学考古学研究室
山隈窯出土須恵器，埴輪の蛍光X線分析…………三辻利一
山隈窯跡の考古磁気学的研究
　…………伊藤晴明・時枝克安

■考古学界ニュース■

編集部編

―――――沖縄・九州地方

貝塚時代後期の犬の骨 沖縄県教育委員会が発掘を進めていた恩納村山田の久良波貝塚で沖縄貝塚時代後期の土器や犬の頭骨などが発見された。主な出土品はくびれ平底でコ縁部が開き気味の砂丘系土器、接着剤として使用された固形樹脂、石器、貝製品、亀甲、イノシシ・魚類の骨と犬の頭骨。とくに犬の頭骨は長さ約16cmで小型犬の成獣。現代の犬と比べて一回り小さく、沖縄犬のルーツを知る上で貴重な資料となった。

磨製のナイフ形石器 九州横断自動車道の建設に伴って大分県教育委員会が発掘を行なっていた大分市荏隈の庄ノ原遺跡で旧石器時代の磨いたナイフ形石器4点が発見された。うち1点は長さ3cm、幅1.5cmでほぼ全面が磨かれていた。他の3点は欠けてはいるが刃の部分はいずれも丁寧に磨かれていた。3点は流紋岩、1点は安山岩製。出土した場所が約2万2千年前に噴出した火山灰層の始良・胆沢火山灰（AT）のすぐ上のローム層だったことから、2万2千年から1万3千年前の遺物の可能性が高い。遺跡は標高約90mの台地上にあり、これまで石器や剥片、石器の母岩など約500点が出土している。旧石器時代の磨製石器はこれまでの常識を破る発見だが、ナイフは打製のほうがよく切れるのになぜ磨いたのか疑問は残る。

縄文晩期の集落跡 福岡県筑紫郡那珂川町教育委員会が発掘調査を進めていた同町山田の山田西遺跡で、縄文時代晩期の竪穴住居跡7軒と作業用の屋外炉跡3基などがみつかった。住居跡は2軒が20m離れてあったほか、5軒が1かたまりになってみつかった。一辺は約3m。また住居跡に隣接した屋外炉は3.6×3mほどのもので3段に掘られ、石に囲まれた中心部は長径約1m、短径約80cmの楕円形。中心部の半分は土が焼けて赤変し、残り半分には灰が深さ20cmほど堆積していた。こうしたことから、ドングリの実などのアク抜きのための灰づくりを行なっていた作業場ではないかとみられている。さらに住居跡からは土器や石器が約6,000点出土したが、一辺7cmの磨製の十字形石器も含まれていた。一方が折れており祭祀用に使われたものとみられる。

銅鏡鋳型、完形で出土 福岡県春日市岡本1丁目の須玖坂本遺跡で春日市教育委員会による発掘調査が行なわれ、弥生時代後期後半の溝の中からほぼ完形の銅鏡鋳型をはじめ、青銅器製造に関連する遺物約200点が出土した。銅鏡鋳型は砂岩製で、一辺10cm前後の正方形、厚さ3.5cm。直径7.5cmの円形の彫り込みがあり、中央には鈕も備わっていた。文様から内行花文小形仿製鏡とみられ、対馬のハロウ遺跡で出土したものに類似している。このほか、中広形銅戈、小銅鐸の鋳型や中子片が約130点、取瓶が約20片など、鋳造関係の遺物が多数出土した。同遺跡は奴国王の王墓のある須玖岡本遺跡から北東へ約100m。付近一帯で青銅器を大量生産し、北部九州を中心に供給していたことが裏付けられた。

五面彫りの石製鋳型 福岡県朝倉郡夜須町教育委員会が発掘を進めている同町三牟田のヒルハタ遺跡で、弥生時代後期中ごろと推定される銅鏡、銅鏃など五面彫りの鋳型（完形品）1点が発見された。この鋳型は住居内にある深さ80cmの土壙からみつかったもので、13.5cm×13cm×5cmの砂岩系製品。表は内行花文鏡系、裏が十字形銅器で、側面に2連の銅鏃、反対側面に銅鏃、天面は勾玉の鋳型になっている。溶けた青銅によるとみられる焦げ跡も残っており、実際に使用されたことを示している。銅鏡は完成品が直径9.3cmになるもので、佐賀県東脊振村の二塚山遺跡出土例に酷似している。周辺からは約400軒の竪穴住居跡がみつかっており、クニの存在がうかがわれる。

奈良～平安期の製塩遺跡 （財）北九州市教育文化事業団埋蔵文化財調査室が発掘を進めている市内若松区小竹の浜田遺跡で、奈良時代後半から平安時代初めの土層から、厚さ1cm、1～5cm四方の破片になった土器片がバケツ約500杯分出土した。もとは赤い土器らしいが、土器片に塩の結晶が残っていたことや火にかけた痕跡があることから、製塩土器であることがわかった。さらに延喜5年（905）の『筑前国観世音寺資財帳』には塩の産地として「遠賀郡山鹿村」の名前があることから、文献の上からも製塩遺跡の存在が裏付けられた。

―――――四国地方

弥生後期の方形周溝墓 南国市東崎の東崎遺跡で高知県文化財団による発掘調査が行なわれ、弥生時代後期の方形周溝墓が発見された。店舗新築に伴う緊急調査で弥生時代後期から古墳時代にかけての竪穴住居跡10棟や勾玉などが発見されていたが、さらに調査範囲を広げた結果、幅80cmの溝に囲まれた10m四方の方形周溝墓が発見された。主体部は長さ2m、幅50cmの木棺墓で、頭部付近から鉄製の鉇、刀子、さらに瑠璃色、淡青色、若葉色の3色のガラス玉（完形3点、破片40点余）、碧玉製管玉などがみつかった。木棺墓のそばからは壺棺墓もみつかっている。

107

■考古学界ニュース■

────────中国地方

草戸千軒町遺跡の調査終了　中世に栄えた門前市場町「草戸千軒町遺跡」（福山市草戸町）の発掘調査を進めてきた広島県草戸千軒町遺跡調査研究所（岩本正二所長）は18年間にわたる調査をすべて終え，3月6日終了式を行なった。福山市教育委員会による調査が始まったのは昭和36年。広島県教育委員会に受け継がれた後，48年に研究所が設立された。45次にわたる調査は6万7,300m²に達し，出土品も50万点に上った。洪水で水没した鎌倉～室町時代の町からは土器や木器・木簡など民衆の生活をうかがわせる用具が数多く発見され，平成元年にはこれらの出土品を展示する広島県立歴史博物館も誕生した。研究所では今後5年がかりで報告書を完成させる。

陶棺に「記|」の文字　岡山大学考古学研究室が発掘を進めている岡山県上房郡北房町の定北（さだきた）古墳（7世紀中ごろ）で漢字と記号をヘラ書きした陶棺が発見された。同墳は一辺20mの方墳で，切石の横穴式石室（長さ10m）の内部から4基の陶棺がみつかり，このうち亀甲形陶棺1基の蓋中央付近に「記|」の文字がみつかった。「記」は棺を作った工人の名前か埋葬者の名前と関係するのかもしれない。「|」は当時須恵器などにみられるヘラ記号のようなものだろうか。いずれにしても漢字が各地に普及し始めた時期の資料であるだけに貴重なもの。そのほか副葬品として銅鋺蓋と大刀の貴金具，鉄鏃，須恵器があり，人骨片もみつかった。

────────近畿地方

初の六角形墳　兵庫県宍粟郡安富町塩野の岡ノ上2号墳で安富町教育委員会による発掘調査が行なわれ，主軸上に稜角（コーナー）をおく六角形墳であることがわかった。この古墳は岡ノ上山（367m）の中腹斜面に築造され，一辺の長さは3.8～4.4m，対辺間は6.8～7.3m。墳丘は削られているが元の高さは2.5mくらいあったものとみられる。墳丘を囲う外護列石が南半分に残っていた。石室は長さ4.4m，幅約1.1mの無袖の横穴式で，内部は盗掘されていたため，わずかに須恵器3点と中世の土師器1点が残るだけだったが，これらの土器から7世紀中葉頃の築造とみられている。八角形墳は全国で11例確認されており，大半が天皇陵だが，確実な六角形の古墳は初めての発見。

未盗掘古墳から黄金装小刀　大阪府教育委員会が発掘調査を進めていた南河内郡河南町の寛弘寺古墳群中の75号墳で，横穴式石室内の2体埋葬された木棺の内外から副葬品が100点以上，当時の埋葬状態で発掘された。同古墳は，直径約16mの円墳と考えられ，右片袖式の横穴式石室は全長約5m以上。玄室中央にあった木棺からは，大刀，金製刀飾り金具をもつ小刀，鍍金銀製空玉3点，銀製イヤリング1点，琥珀玉，棺外からは鉄鏃，鉄鉾，鉄地金銅張り馬具一式，土器などがみつかった。とくに長さ約0.5mの小刀の金製飾り金具は，楕円形でS字状の唐草文が打ち出されており，黄金造りの小刀だったとみられる。また，その前に置かれた追葬された棺内からは，大刀，刀子，挂甲小札，銀製イヤリング，水晶製切子玉が揃い，棺外からは衝角付冑，鉄製馬具，鉄斧，鉄鑿，鉄鉾，石突，須恵器，土師器の出土があった。盗掘を免れたこの古墳の被葬者は，近くに大伴の地名などがあることから，6世紀後半頃の大伴氏一族の武人の墓と考えられる。

本州各地産の縄文土器　寝屋川市小路の讃良（さら）川遺跡で寝屋川市教育委員会による発掘調査が行なわれ，縄文時代中期の土器片や石器が数万点出土した。中期の出土量としては，近畿地方最大級である。土器片の大半は瀬戸内地方の船元式土器で，他に東北系，北陸系，関東系，東海系など日本各地の土器が出土している。石器としては，石鏃，石匙や磨石，たたき石，石錘などがあり，クロダイ，スズキ，フグ，ナマズ，コイ，イノシシ，シカの骨も出土した。直径2～2.5mの貯蔵穴4基もみつかり，うち1基にはセタシジミやマガキの貝殻層があり，その下層からはクリも出土した。貯蔵穴としての機能を失った後にゴミ穴として利用されたものである。

蓮の線刻壁画　柏原市教育委員会が発掘調査を行なっていた史跡・高井田横穴群で蓮の線刻壁画が発見された。みつかったのは玄室の長さ約2.5m，幅約2.1m，高さ約1.4mと比較的小型の第2支群14号墳で，羨門上部に長径20cm，短径14cmの蓮の花の線刻を描いている。他にも花の右側にはっきりしない線刻があり，全体的にやや不鮮明。柏原には飛鳥時代から白鳳時代にかけて12の寺院が創建されており，仏教に縁の深い人物の存在が推定される。同横穴群は6世紀中～末期に造られ，155基の横穴が確認されており，これまでに計27基から船に乗った人物，馬，鳥，花など約30の線刻画がみつかっている。

藤原京跡から俑　宅地開発に伴って橿原市教育委員会が発掘を行なっていた橿原市醍醐町の藤原京右京二条三坊跡の溝跡から中国産と思われる陶土人形・俑が日本で初めて発見された。俑片は6cm四方，厚さ5mmで，ピンク色を帯びた白い陶土に鉛，銅，鉄の3種

類の釉薬を塗って焼かれ，鮮やかな三彩が残っていた。スカート状の衣服の裾部とみられ，奈良時代（7世紀）の作品と推定される。中国で製作されたものか，日本で製作されたものかは今後の胎土分析の結果をもって判断されよう。

────────中部地方

長塚古墳に陸橋　大垣市教育委員会が調査を進めていた市内矢道町1丁目の長塚古墳で，東海地方では初めての陸橋2ヵ所が発見された。長塚古墳は4世紀後半に造られた前方後円墳で，発掘には電気探査機と地中レーダーが使われた結果，全長は約90mと推定より大きいことがわかった。後円部は53m×62m，墳丘の周囲には幅14〜17m，深さ約1mの周濠があり，後円部と前方部の2ヵ所に陸橋が発見された。後円部の陸橋は幅約7m，長さ約14mで，斜面には石が葺かれていた。また墳丘には10〜40cmの大きさの河原石を敷きつめた葺石が発見されたが，葺石が平坦部にも及んでいることが特徴。長塚古墳は昭和4年に後円部のみ調査され，銅鏡や玉，石製品など多くの副葬品が出土している。

縄文晩期の干し貝加工場？　豊橋市教育委員会が発掘調査を行なった市内牟呂町の大西貝塚で，集落を伴わない干し貝加工場と思われる貝塚が発見された。貝塚は豊川左岸の台地斜面にあり，ハマグリが9割近くを占めている。規模は長さ約100m，幅約40mで帯状をなし，最大で2.5m〜3mの貝層が堆積している。調査では集石遺構，土壙や地床炉などが発見されたが，住居跡はみつからなかった。また縄文時代晩期後葉の土器以外は遺物が極端に少なく，石鏃・石斧などの石器や獣骨などがわずかに出土したのみである。生活用具が少なく貝塚が短期間に形成されていることなどにより，集落から離れた干し貝専用の加工場であったと考えられる。

────────関東地方

古墳中期の金属製品工房跡　群馬県群馬郡箕郷町柏木沢の向滝（むかいだき）Ⅳ遺跡で箕郷町教育委員会による発掘調査が行なわれ，古墳時代中期の青銅加工用の鞴につける羽口や銅滓とみられる塊が発見された。現場からは竪穴住居跡1軒，直径2m，深さ20cmの土坑1基，方形の竪穴2基が出土したが，いずれも6世紀初頭に噴火した榛名山二ツ岳の火山灰下からみつかった。土器に混じって溶けた銅のこぼれたくずである滓などもあり，鋳型はみつかっていないものの加工所跡を裏づけるもの。5世紀前半に上野で銅器の製造が始まり，その作業に従事する専業者集団がいたことを示す有力な資料とみられる。

────────東北地方

新田柵跡か？　『続日本紀』に記された天平五柵（玉造五柵）の一つ，新田柵とみられる遺構が宮城県教育委員会と多賀城跡調査研究所の調査で発見された。遺構がみつかったのは宮城県遠田郡田尻町八幡，大嶺地区で，標高40mほどの細長い丘陵の尾根上を中心に，高さ1〜3mの土手状の高まりなど11ヵ所が存在し，大崎八幡神社東方の低地を半弧を描いて囲むように規模も東西1.5km以上，南北1.7km以上にわたるものと推定された。この土手状の高まりはH3・1・17の発掘調査の結果，基礎整地を施した上に，丁寧に突き固めた基底幅約2.9mの築地跡とみられ，南側に断面J字状の溝，北側にはU字状の溝が存在することがわかった。年代は火山灰の堆積から10世紀前半以前に造られたもので，10世紀中には廃絶していたと考えられる。付近からは多賀城創建瓦も採集され，また遺構の範囲が非常に広く，築地で囲われた遺跡であることから城柵的な色彩が強く，天平9年多賀柵とともに『続日本紀』に記されている新田柵である可能性が強い。

────────学界・人の動き

日本考古学協会第57回総会　5月17日，18日の両日，筑波大学を会場に開催された。講演および研究発表は以下の通り。
＜講演＞
増田精一：人格神の成立
井上辰雄：国家成立の諸問題
＜研究発表＞
石器文化談話会・鎌田俊昭・藤村新一・梶原洋：宮城県筑館町高森遺跡の調査について
須藤隆司：長野県立科F遺跡の石器文化―ナイフ形石器文化成立段階の研究―
栗島義明：本ノ木論争―その学史的背景と今日的意義―
伊庭功・岩橋隆浩・奈良俊哉・松井章：滋賀県大津市粟津湖底遺跡の調査―湖底に沈んだ縄文時代中期の貝塚と早期包含層―
斉藤進・松崎元樹・及川良彦：縄文時代中期の粘土採掘坑群の調査―多摩ニュータウン遺跡群No.248遺跡―
井上唯雄・新藤彰：群馬県茅野遺跡の調査について
蒲原宏行・田中稿二：本村籠遺跡出土の多鈕細文鏡について
神奈川県立埋蔵文化財センター・山本暉久：神奈川県逗子市池子遺跡群No.1―A地点弥生時代旧河道の調査
甘粕健・堂ヶ作山古墳調査団：会津若松市堂ヶ作山古墳の調査
柳本照男・服部聡志：大阪府豊中市御獅子塚古墳第4次調査の概要

■考古学界ニュース■

松島栄治・中村富夫・右島和夫：群馬県前橋市王山古墳の調査

埼玉県埋蔵文化財調査事業団・剣持和夫・山川守男：埼玉県深谷市城北遺跡の調査

小林謙一・鐘方正樹・松浦五輪美・安井宣也・中島和彦・宮崎正裕：奈良市菅原東遺跡埴輪窯跡群の調査

川越俊一：山田寺の調査

八木久栄・植木　久：最近の前期難波宮に関する調査をめぐって

金子裕之・小池伸彦：平城宮兵部省の研究

宇野隆夫・前川　要：古代揚浜式塩田と鉄釜・土器製塩炉の調査概要─石川県羽咋市滝・柴垣製塩遺跡群E・F地区の発掘調査─

福島県文化センター・安田　稔・西山真理子：古代行方郡における鉄生産の一様相─福島県原町市金沢地区遺跡群─

杉本　宏・荒川　史：木幡浄妙寺跡の発掘調査

昆野　靖・三浦謙一：平泉町柳之御所跡の調査

松下正司・福島政文：広島県草戸千軒町遺跡の調査─町割りの構造と変遷を中心として─

埼玉県埋蔵文化財調査事業団・馬橋泰雄・赤熊浩一：埼玉県坂戸市金井遺跡の調査

八木久栄・鈴木秀典：住友銅吹所跡の発掘調査

新田栄治・大貫静夫・鷹野光行・西谷　大：東北タイ先史時代製鉄の歴史的意義─ブリラム県サトゥック郡バンドンプロン遺跡の発掘より─

菅原正明：インドオリッサ州ウダヤギリ遺跡密教寺院の調査

スチュアート ヘンリ：極北の民族考古学─遺跡・遺物に見えるものと見えないもの─

なお，1991年度大会は11月23〜25日の3日間，仙台国際センターを会場に行なわれる予定。

第2回「考古学と中世史研究」シンポジウム　山梨文化財研究所（山梨県東八代郡石和町四日市場1566）は6月22日，23日の両日，帝京大学研修ハウスにおいて「都市と商人職人像─中世考古学及び隣接諸学から─」をテーマにシンポジウムを開催した。

＜基調報告＞

馬橋泰雄・赤熊浩一：埼玉県金井生産遺跡の調査報告─武蔵入西鋳物師の遺跡─

斉木秀雄：鎌倉の職人の居住地域について

下津間康夫：草戸千軒にみる商業活動の一断面─出土木簡を素材に─

＜基調講演＞

保立道久：絵巻にみる旅人と職人

玉井哲雄：都市空間復原の方法とその問題点─絵画史料と「もの」史料─

小野正敏：発掘された戦国時代の町屋から

石井　進：鎌倉の町屋から戦国の町屋へ

五十川伸矢：鋳造工人の技術と生産工房

笹本正治：戦国時代の職人と商人

網野善彦：中世前期の職人と商人

朝・日学術シンポジウム　6月1日（土），朝鮮大学校記念館講堂において朝鮮大学校創立35周年を記念して開催された。歴史分科は次の報告が行なわれ，高寛敏朝鮮大学校教授が司会を務めた。

玄明治：最近における高句麗遺跡の発掘調査

上原　和：聖徳太子と高句麗文化

なお当日は朝鮮歴史博物室も一般公開された。

「海をわたってきた文化」展　10月13日（日）から11月24日（日）まで，行田市郷土博物館（行田市本丸17─23，Tel. 0485-54-5911）において開催される。同展は行田市酒巻14号墳から発見された多数の形象埴輪をもとに，日本各地や朝鮮半島からの出土品と比較して古代東アジア世界の文化交流を考えようとするもの。5〜6世紀の日本各地，朝鮮半島からの出土品，複製品，写真が展示される。

人の動き（順不同，新任分）

上野佳也氏　大正大学文学部教授

関　秀夫氏　東海大学文学部教授（博物館学）

狩野　久氏　岡山大学文学部教授

梅沢重昭氏　群馬大学教育学部教授

柳沢一男氏　宮崎大学教育学部助教授

松下正司氏　比治山女子短期大学教授

安藤孝一氏　東京国立博物館考古課有史室長

望月幹夫氏　東京国立博物館考古課原史室長

国の史跡　文化財保護審議会（斎藤正会長）は弥生時代の環濠集落・吉野ヶ里遺跡（佐賀県）を特別史跡に，室町時代末期の一乗谷朝倉氏庭園（福井市）を特別名勝に，さらに史跡名勝天然記念物7件，重要文化財44件，追加2件を新しく指定するよう井上文部大臣に答申した。考古学関係の史跡と重要文化財は次の通り。

＜史跡＞

○聖塚・菖蒲塚古墳（京都府綾部市）○赤松氏城跡＝白旗城跡，感状山城跡（兵庫県上郡町など）○箕谷古墳群（兵庫県八鹿町）○藤ノ木古墳（奈良県斑鳩町）○安国寺集落遺跡（大分県国東町）

＜重要文化財＞

○袈裟襷文銅鐸（羽曳野市西浦出土）○吉野ヶ里遺跡墳丘墓出土品○長持形石棺（久津川車塚古墳出土）○美利河1遺跡出土品○湯の

学 界

里4遺跡土壙出土品〇宇鉄遺跡出土品〇架鉢形土器，浅鉢形土器（群馬県房谷戸遺跡出土）〇真脇遺跡出土品〇大峰山頂遺跡出土品

　末永雅雄氏（学士院会員，関西大学名誉教授）　1991年5月7日心不全のため大阪狭山市の自宅で死去された。享年93歳。氏は1897年大阪府生まれ。京大の浜田耕作教授に個人的に考古学を学び，宮滝遺跡や石舞台古墳，唐古遺跡の調査を手がけた。1938年橿原考古学研究所を創設，戦後県立に移管して初代所長となり，高松塚古墳やその他多くの発掘を指導した。この間，1952年から68年まで関西大学教授を務め，多くの後進を育てた。長年にわたる学界への功績に対して1980年文化功労者，88年には考古学者として初の文化勲章を受章した。本来の古墳の研究のほか，武器・武具にも造詣が深くまた航空写真を使っての研究など新しい分野も開拓した。主著に『日本上代の甲冑』『日本上代の武器』『日本の古墳』『古墳の航空大観』『挂甲の系譜』『日本考古学への道』『末永雅雄著作集』などがある。

　乙益重隆氏（國學院大學名誉教授）　1991年3月2日，脳梗塞のため三鷹市の杏林大学病院にて死去された。享年72歳。氏は1919年熊本県生まれ。國學院大學文学部国史学科を卒業後，熊本女子大学教授をへて1970年國學院大學教授。1989年定年退職。その後も非常勤講師として同大学に出講されていた。氏は弥生文化とくに稲作文化の解明に力を注ぎ，さらに装飾古墳の研究にも業績があった。また日本考古学協会委員長を2期務めた。『肥後上代文化史』『装飾古墳と文様』（編）『成川遺跡』（共）『上総菅生遺跡』（共編）「弥生時代の遺跡にあらわれた信仰の形態」（神道考古学講座1）などの著書・論文がある。

　石川恒太郎氏　1990年10月30日，肺炎のため宮崎市の市郡医師会病院にて死去された。享年90歳。氏は1900年宮崎市生まれ。専修大学経済科を卒業後，大阪毎日新聞記者を経て延岡市史の編纂にあたり，西都原周辺の発掘調査に従事しながら宮崎考古学会を設立し，初代会長を務めた。この地方特有の地下式横穴古墳の研究にすぐれた業績を残した。主著に『日本浪人史』『宮崎県の考古学』『地下式古墳の研究』などがある。

　板橋　源氏（岩手大学名誉教授）　1990年11月22日，肺炎のため盛岡市の岩手県立中央病院で死去された。享年82歳。氏は1908年岩手県生まれ。東京文理大学文学部国史学科を卒業後，岩手大学教授，岩手大学付属中学校校長を務め，のち岩手県立博物館の初代館長。古代城柵，平泉など東北古代史研究の第一人者として活躍し，胆沢城，徳丹城，志波城などの特定に大きな功績があった。主著に『奥州平泉』『北方の王者』『陸奥国徳丹城』（共）などがある。

　多和田真淳氏　1990年12月21日死去された。享年83歳。氏は1907年沖縄県生まれ。沖縄県師範学校本科第二部卒業後，小学校，中学校，県立高校の教諭をへて琉球政府文化財保護主事。定年後は那覇市史編さん委員や同文化財保護委員を務め，植物学も含めた文化財行政に力を注いだ。1978年に沖縄県文化功労賞受賞。著書に『多和田真淳選集』のほか『大山貝塚発掘調査報告書』（共）『勝連城跡第一・二次発掘調査報告書』（共）などがある。

　小島俊次氏　1991年1月3日，心不全のため死去された。享年64歳。氏は1926年奈良県生まれ。法政大学文学部史学科を卒業の後，奈良県教育委員会技師として一貫して文化財行政にあたり，県内の

草分け的な存在だった。天理市から桜井市に至る古墳の分布調査は氏の独力でなされた。著書に『天理市史　別篇』『古墳―桜井市古墳総覧』『奈良県の考古学』『奈良県縄文土器集成図版』などがある。

　大沢和夫氏　1991年3月8日，心筋梗塞のため死去された。享年85歳。氏は1906年長野県生まれ。東京高等師範学校を卒業後，県立高校教諭，同校長，公民館長，飯田女子短期大学教授などを歴任。長野県考古学会会長として県内の考古学発展に寄与された。また中央発掘調査団長を長く務められた。駿河国分寺を片山廃寺に比定したことは特筆される。主要論文として「信濃国阿島出土の弥生式土器」（考古学9―10）「下伊那地方の弥生文化概観」（長野県考古学会誌4）などがある。

　赤星直忠氏　1991年3月11日，急性呼吸不全のため死去された。享年88歳。氏は1902年神奈川県生まれ。神奈川県師範学校卒業後，神奈川県文化財保護審議会委員，横浜国立大学講師，神奈川県立博物館嘱託などを歴任。横穴古墳ややぐらを始めとする中世考古学の研究に力を注いだ。また長く横須賀考古学会会長を務めた。著書に『三浦半島城郭史』『鎌倉市史考古編』『穴の考古学』『三浦市江奈横穴群』『中世考古学の研究』などがある。

●読者からのたより●

「季刊考古学」第35号を読んで大変有意義に思いました。ただどの考古学の本でも同じですが，縄文時代の土器の話や，旧石器の話はくわしく書いてありますが，縄文時代の石器の話や写真，挿図などが極めて少ないのは残念なことです。縄文時代の石器の話というと石斧や石鏃のことばかり書いてありますが，それ以外の「蔵打器」とか「刃器」などいろいろな石器が無数に出土しています。私はえびの市付近で1,000個近い石器を手に入れています。
（宮崎・西山茂裕）

■第37号予告■

特集　稲作農耕と弥生文化

1991年10月25日発売
総112頁　　2,000円

稲作のはじまり……………………工楽善通
稲作の発展とふる里
　　稲作の初現…………………………山崎純男
　　稲と稲作の波及………中山誠二・外山秀一
　　弥生農耕の展開……………………甲元真之
　　東アジア出土新石器時代穀物の年代的分布
　　………………………………松村真紀子
　　稲作と畑作…………………………能登　健
　　稲の来た道…………………………高倉洋彰
稲作の道具とまつり
　　農具の変遷1鍬と鋤………………上原真人
　　　　　　2収穫と脱穀の道具…合田茂伸

弥生時代の農耕儀礼………………設楽博己
稲作と周辺科学
　　土地を選ぶ水田……………………高橋　学
　　古代イネの復元…………………佐藤洋一郎
　　東アジアからみた日本の稲作……高谷好一

────────────────

＜連載講座＞　縄紋時代史　11……林　謙作
＜最近の発掘から＞
＜書　　評＞
＜論文展望＞
＜報告書・会誌新刊一覧＞
＜学界ニュース＞

編集室より

◆豪族という言葉は，なんとなく地域性を担った意味を持っているのではないかと考えていたが，本号で特集を組むことになって，あらためて辞書を手にしてみた。岩波の『広辞苑』と小学館の『日本国語大辞典』は，「地方に土着し……」と書かれ，漢和辞典である講談社の『大字典』と大修館の『漢和大辞典』はともに，「勢力ある一族」「すぐれた一族」とあって「地方の……」とは書かれていない。本号では「地方の〜」と単に「すぐれた〜」の間のカテゴリーのようである。なにはともあれ，本号によって古代の支配者レベルの公私の機能を含んだ居館の全容を知ることができるに違いない。　　　　（芳賀）

◆豪族居館はここ10年くらいの間の新しい研究課題である。これまでの本誌の特集からみれば，少しばかり狭いテーマのように感じられるかもしれないが，居館の研究は古代史，中世史へとつながっていくテーマでもある。さらに弥生時代の環濠集落とどう係わっているのかも興味ある問題である。こうした新鮮な課題を掘り下げるのも雑誌の主要な使命の一つであろう。新しいテーマにさまざまなコースから迫っていく。登山家のごとき挑戦が必要であろう。　　　　（宮島）

本号の編集協力者──小笠原好彦（滋賀大学教授）

1941年青森県生まれ。東北大学大学院修士課程修了。『勢多唐橋』「家形埴輪の配置と古墳時代豪族の居館」（考古学研究124）「住居と倉と井戸」（古墳時代の研究2）などの編著・論文がある。

阿部義平（国立歴史民俗博物館教授）

1942年秋田県生まれ，東北大学文学部卒業。『官衙』「古代の城柵跡について」（歴博研究報告1）「宮殿と豪族居館」（古墳時代の研究2）などの著書・論文がある。

■本号の表紙■
群馬県赤堀茶臼山古墳の家形埴輪

　赤堀茶臼山古墳の家形埴輪は，1933年，後藤守一氏によって，はじめて左右対称の配置が復原されたものとして，学史に残るものである。その後，1975年に，藤沢一夫氏によって，中国の王休泰墓の家形明器の配置との類似点などから，倉庫を後方に下げる案がだされた。主屋，脇屋に粘土帯の表現，倉庫，霊屋（後藤氏の納屋）に沈線表現が採用されていることからみると，藤沢氏の案が妥当であろう。写真は藤沢氏の案に，家形埴輪と共伴したとみてよい門と柵を表現した囲形埴輪を最前に配した。これは，もう一つ対称形のものが置かれたであろう。（写真は国立歴史民俗博物館企画展示「再現・古代の豪族居館」より）
　　　　　　　　　　　　　　（小笠原好彦）

▶本誌直接購読のご案内◀

『季刊考古学』は一般書店の店頭で販売しております。なるべくお近くの書店で予約購読なさることをおすすめしますが，とくに手に入りにくいときには当社へ直接お申し込み下さい。その場合，1年分の代金（4冊，送料は当社負担）を郵便振替（東京3-1685）または現金書留にて，住所，氏名および『季刊考古学』第何号より第何号までと明記の上当社営業部まで送金下さい。

季刊 考古学　第36号
ARCHAEOLOGY QUARTERLY

1991年8月1日発行

定価 2,000円
（本体 1,942円）

編集人　芳賀章内
発行人　長坂一雄
印刷所　新日本印刷株式会社
発行所　雄山閣出版株式会社
　〒102 東京都千代田区富士見2-6-9
　電話 03-3262-3231　　振替 東京3-1685

◆本誌記事の無断転載は固くおことわりします
　ISBN4-639-01044-3　printed in Japan

季刊 考古学 **オンデマンド版** **第 36 号** 1991 年 7 月 1 日　初版発行
ARCHAEOROGY　QUARTERLY　　　　　　　　　　2018 年 6 月 10 日　オンデマンド版発行

定価（本体 2,400 円＋税）

編集人　　芳賀章内
発行人　　宮田哲男
印刷所　　石川特殊特急製本株式会社
発行所　　株式会社　雄山閣　http://www.yuzankaku.co.jp
　　　　　〒 102-0071　東京都千代田区富士見 2-6-9
　　　　　電話 03-3262-3231　FAX 03-3262-6938　振替　00130-5-1685

◆本誌記事の無断転載は固くおことわりします　　ISBN 978-4-639-13036-9　Printed in Japan

初期バックナンバー、待望の復刻!!
季刊 考古学 OD　創刊号～第 50 号〈第一期〉
全 50 冊セット定価（本体 120,000 円＋税）　セット ISBN：978-4-639-10532-9
各巻分売可　各巻定価（本体 2,400 円＋税）

号　数	刊行年	特　集　名	編　者	ISBN（978-4-639-）
創刊号	1982 年 10 月	縄文人は何を食べたか	渡辺 誠	13001-7
第 2 号	1983 年 1 月	神々と仏を考古学する	坂詰 秀一	13002-4
第 3 号	1983 年 4 月	古墳の謎を解剖する	大塚 初重	13003-1
第 4 号	1983 年 7 月	日本旧石器人の生活と技術	加藤 晋平	13004-8
第 5 号	1983 年 10 月	装身の考古学	町田 章・春成秀爾	13005-5
第 6 号	1984 年 1 月	邪馬台国を考古学する	西谷 正	13006-2
第 7 号	1984 年 4 月	縄文人のムラとくらし	林 謙作	13007-9
第 8 号	1984 年 7 月	古代日本の鉄を科学する	佐々木 稔	13008-6
第 9 号	1984 年 10 月	墳墓の形態とその思想	坂詰 秀一	13009-3
第 10 号	1985 年 1 月	古墳の編年を総括する	石野 博信	13010-9
第 11 号	1985 年 4 月	動物の骨が語る世界	金子 浩昌	13011-6
第 12 号	1985 年 7 月	縄文時代のものと文化の交流	戸沢 充則	13012-3
第 13 号	1985 年 10 月	江戸時代を掘る	加藤 晋平・古泉 弘	13013-0
第 14 号	1986 年 1 月	弥生人は何を食べたか	甲元 真之	13014-7
第 15 号	1986 年 4 月	日本海をめぐる環境と考古学	安田 喜憲	13015-4
第 16 号	1986 年 7 月	古墳時代の社会と変革	岩崎 卓也	13016-1
第 17 号	1986 年 10 月	縄文土器の編年	小林 達雄	13017-8
第 18 号	1987 年 1 月	考古学と出土文字	坂詰 秀一	13018-5
第 19 号	1987 年 4 月	弥生土器は語る	工楽 善通	13019-2
第 20 号	1987 年 7 月	埴輪をめぐる古墳社会	水野 正好	13020-8
第 21 号	1987 年 10 月	縄文文化の地域性	林 謙作	13021-5
第 22 号	1988 年 1 月	古代の都城―飛鳥から平安京まで	町田 章	13022-2
第 23 号	1988 年 4 月	縄文と弥生を比較する	乙益 重隆	13023-9
第 24 号	1988 年 7 月	土器からよむ古墳社会	中村 浩・望月幹夫	13024-6
第 25 号	1988 年 10 月	縄文・弥生の漁撈文化	渡辺 誠	13025-3
第 26 号	1989 年 1 月	戦国考古学のイメージ	坂詰 秀一	13026-0
第 27 号	1989 年 4 月	青銅器と弥生社会	西谷 正	13027-7
第 28 号	1989 年 7 月	古墳には何が副葬されたか	泉森 皎	13028-4
第 29 号	1989 年 10 月	旧石器時代の東アジアと日本	加藤 晋平	13029-1
第 30 号	1990 年 1 月	縄文土偶の世界	小林 達雄	13030-7
第 31 号	1990 年 4 月	環濠集落とクニのおこり	原口 正三	13031-4
第 32 号	1990 年 7 月	古代の住居―縄文から古墳へ	宮本 長二郎・工楽 善通	13032-1
第 33 号	1990 年 10 月	古墳時代の日本と中国・朝鮮	岩崎 卓也・中山 清隆	13033-8
第 34 号	1991 年 1 月	古代仏教の考古学	坂詰 秀一・森 郁夫	13034-5
第 35 号	1991 年 4 月	石器と人類の歴史	戸沢 充則	13035-2
第 36 号	1991 年 7 月	古代の豪族居館	小笠原 好彦・阿部 義平	13036-9
第 37 号	1991 年 10 月	稲作農耕と弥生文化	工楽 善通	13037-6
第 38 号	1992 年 1 月	アジアのなかの縄文文化	西谷 正・木村 幾多郎	13038-3
第 39 号	1992 年 4 月	中世を考古学する	坂詰 秀一	13039-0
第 40 号	1992 年 7 月	古墳の形の謎を解く	石野 博信	13040-6
第 41 号	1992 年 10 月	貝塚が語る縄文文化	岡村 道雄	13041-3
第 42 号	1993 年 1 月	須恵器の編年とその時代	中村 浩	13042-0
第 43 号	1993 年 4 月	鏡の語る古代史	高倉 洋彰・車崎 正彦	13043-7
第 44 号	1993 年 7 月	縄文時代の家と集落	小林 達雄	13044-4
第 45 号	1993 年 10 月	横穴式石室の世界	河上 邦彦	13045-1
第 46 号	1994 年 1 月	古代の道と考古学	木下 良・坂詰 秀一	13046-8
第 47 号	1994 年 4 月	先史時代の木工文化	工楽 善通・黒崎 直	13047-5
第 48 号	1994 年 7 月	縄文社会と土器	小林 達雄	13048-2
第 49 号	1994 年 10 月	平安京跡発掘	江谷 寛・坂詰 秀一	13049-9
第 50 号	1995 年 1 月	縄文時代の新展開	渡辺 誠	13050-5

※「季刊 考古学 OD」は初版を底本とし、広告頁のみを除いてその他は原本そのままに復刻しております。初版との内容の差違は
　ございません。
　「季刊考古学　OD」は全国の一般書店にて販売しております。なるべくお近くの書店でご注文なさることをおすすめしますが、とくに手に入り
にくいときには当社へ直接お申込みください。